알아두면 쓸모 있는 초등학생을 위한 과학 사전

아는 만큼 보이는 우주 500

글쓴이 **앤 루니** ｜ 옮긴이 **서나연**

다섯수레

Micro facts! 500 Fantastic Facts about Space

Copyright © Arcturus Holdings Limited
www.arcturuspublishing.com
All rights reserved.

Korean translation copyright © 2023 Daseossure
License arranged through KOLEEN AGENCY, Korea.
All rights reserved.

이 책의 한국어판 저작권은 콜린 에이전시를 통해 저작권자와 독점 계약한
다섯수레에 있습니다. 저작권법에 의해 한국 내에서 보호를 받는 저작물이므로
무단 전재 및 복제를 금합니다.

일러두기

본문의 정보는 NASA 등 공식적인 최신 정보를 확인하여 수정하였습니다.
본문의 주석은 *로 표기했으며, 독자의 이해를 돕기 위해 옮긴이가 붙인 것입니다.

목차

1 우주 탐험 04
화성의 로봇과 우주에 간 거미 그리고 우주를
떠다니는 자동차에 관한 모든 것을 알아보아요.

2 우주 속 지구 54
지구가 완전히 둥글지 않은 이유와
공룡들의 하루가 더 짧았던 이유를 찾아보아요.

3 달로 떠나는 여행 104
'달 나무'는 무엇일까요?
'파란 달'은 얼마나 자주 뜨나요?

4 우리와 가장 가까운 행성들 154
해왕성은 왜 뒤늦게 발견되었나요?
행성들은 왜 반짝이지 않는 걸까요?

5 밤하늘에 빛나는 별들 204
태양을 포함한 별들에 대한 놀라운 사실들을 살펴보아요.

6 미지의 공간, 우주 252
빅뱅은 어떻게 시작되었나요? 블랙홀은 뭘까요?
우주가 고무공이라고요?

용어 설명 302

최초의 우주 발사체는 뿔 달린 공?

1957년 10월 4일, 옛 소련에서 기다란 통신 안테나가 달린 지름 58센티미터의 반짝이는 공 모양 금속 물체를 우주로 쏘아 올렸어요. 세계 최초의 인공위성 스푸트니크이지요.

지구 궤도에 올라간 스푸트니크는 시속 2만 9,000킬로미터로 총 1,440회 지구 주위를 돌았고, 궤도 주기는 96.2분이었어요. 그리고 1958년 1월 4일, 지구 대기권으로 다시 들어와 불타 버렸지요.

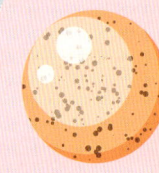

스푸트니크는 아마추어 무선 통신 동호인들에게도 관측될 정도로 뚜렷한 신호를 3주 동안 보냈고, 전지가 다 닳자 송신을 멈추었어요.

화성에 울려 퍼진 윌 아이 엠의 노래

최초로 지구가 아닌 다른 행성에서 방송된 음악은 윌 아이 엠의 노래예요. 그는 미국의 가수이자 래퍼로, 그룹 블랙 아이드 피스 소속이에요.

나사(NASA, 미국 항공 우주국)의 화성 탐사 로봇 큐리오시티가 노래를 지구로 송출했어요. 하지만 혹시 있었을지도 모르는 화성의 생명체는 함께 듣지 못했어요. 큐리오시티에 스피커는 실려 있지 않았거든요!

우주에서 최초로 악기를 연주한 사람들은 미국 우주 비행사 월터 쉬라와 토머스 스태퍼드예요. 1965년, 제미니 6A호에 탑승한 그들은 지구의 궤도를 돌면서 산타클로스와 생김새가 비슷한 미확인 비행 물체를 목격한 척하다가 소형 하모니카와 종으로 '징글 벨'을 연주하는 장난을 쳤어요.

보이저 1·2호
태양계 밖을 탐험하는 데 성공한 우주선

보이저 1·2호는 충돌로 망가지지 않는 한 시속 4만 8,280킬로미터로 영원히 날아갈 거예요.

1977년에 보이저 2호가 먼저 발사되고, 보이저 1호도 연달아 발사되었어요. 하지만 태양계를 벗어난 최초의 우주선은 보이저 1호였지요. 보이저 1호는 2023년 현재 지구에서 약 238억 킬로미터 떨어져 있어요.

초속 17킬로미터로 이동 중인 보이저 1호는 빛이 도달하는 데 21시간이 걸릴 정도로 태양에서 멀리 떨어져 있답니다.

보이저 1·2호에 실린 장치들은 전력이 끊길 2030년 즈음까지 지구로 데이터를 전송할 거예요.

보이저 1·2호는 수십억 년이 지나도 결코 우리 은하를 벗어날 수 없어요. 우리 은하의 중력을 벗어나기에는 너무 느리기 때문이에요.

보이저 1·2호에는 지구의 소리와 사진, 태양계와 은하계에서 지구의 위치를 나타내는 정보를 담은 '골든 레코드'가 실려 있어요.

천왕성과 해왕성을 조사한 탐사선은 보이저 2호밖에 없어요.

보이저호에서 날마다 보내는 메시지가 지구에 도착하기까지는 21시간이 걸려요.

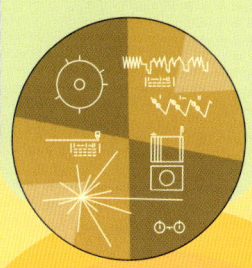

보이저호가 다른 별에 조금이라도 가까이 접근하려면 앞으로 4만 년이 걸려요.

연설문은 미리미리, 아폴로 11호 추모사

아폴로 11호의 달 착륙은 대담하고 위험한 비행이었어요.
전 세계의 시선이 아폴로 11호의 우주인들에게 집중되었답니다.

혹시라도 실패한다면? 달에서 돌아오지 못한다면?
당시 미국의 리처드 닉슨 대통령은 만일을 대비해
추도문을 미리 써 놓았어요.

"용감한 닐 암스트롱과 에드윈 올드린은 지구로 돌아올
가망이 없음을 잘 압니다. 그러나 자신들의 희생이 곧
인류의 희망으로 이어질 것 또한 알고 있습니다."

……물론 아폴로 계획은 성공했어요.

우주에서는 커피가 잔에서 스멀스멀 빠져나와요

무중력 상태의 우주선에서 액체는 제자리에 가만히 있지 않아요. 컵 옆면을 타고 흐르거나 병의 입구로 빠져나와 허공을 날아다녀요.

우주인은 음료를 마실 때 비닐 주머니에 든 액체를 빨아 먹거나, 모세관 현상을 응용해 특별히 제작한 컵을 사용해요. 이 컵은 액체가 용기 옆면을 타고 자연스럽게 위로 흘러나오도록 고안되었어요. 우리도 실생활에서 체험해 볼 수 있어요. 그릇에 물을 담고 스펀지를 넣어 보면 액체가 스펀지 위쪽으로 올라오는 모습이 보일 거예요.

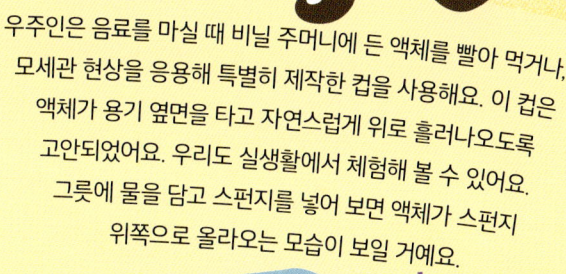

3D 프린터로 자급자족하는 국제 우주 정거장의 우주인

2014년부터 국제 우주 정거장(ISS)에서는 승무원들이 3D 프린터로 필요한 도구나 부품을 직접 만들 수 있게 되었어요.

우주로 발사체를 쏘아 올리려면 비용이 많이 들어요. 따라서 쓸모없을지도 모르는 도구를 잔뜩 가져가기보다는 필요한 도구를 그때그때 만들 수 있는 재료를 가져가는 편이 합리적이에요.

3D 프린터인 리패브리케이터는 출력한 제품을 재활용해요. 덕분에 프린터로 도구를 제작하고, 사용한 다음에는 다시 녹여서 다른 물건으로 출력할 수 있어요.

유일한 2세대 우주 탐험가, 세르게이 볼코프

러시아 우주 비행사 세르게이 볼코프는 국제 우주 정거장 비행 임무를 두 차례 수행하며 1년 넘게 우주에서 지냈어요.

그의 아버지 알렉산드르 볼코프 역시 우주 비행사로 국제 우주 정거장보다 앞서 발사된 우주 정거장 '살류트'와 '미르'에 탑승했어요. 세르게이는 세계에서 유일한 2세대 우주 비행사예요.

일란성 쌍둥이 형제인 스콧 켈리와 마크 켈리는 날짜는 다르지만 같은 해인 2011년에 국제 우주 정거장에 머물렀어요. 스콧은 러시아 우주선, 마크는 미국 우주 왕복선 인데버호를 타고 국제 우주 정거장으로 날아갔어요.

물에 내리는 미국 우주선, 뭍에 내리는 러시아 우주선

우주 비행사를 싣고 지구로 돌아오는
귀환용 우주선은 안전하게 착륙해야 해요.

바다에 착륙하면 물에 빠져 죽을 위험은 있어도 안전해요. 미국은 발사된 우주선이 비상 상황에서 안전하게 내려앉을 수 있게 바다 위로 날아오르고, 돌아올 때도 바다로 떨어져요. 그도 그럴 것이 미국은 근처에 수온이 꽤 따뜻한 바다가 많아요.

러시아에는 연안 지대가 훨씬 적은 데다, 가까운 바다는 북극해라 우주선이 착륙하기에 좋지 않아요. 그래서 러시아 우주선은 자기 영토에 많이 있는 빈 땅에 내려앉아요.

금성은 열대 밀림이 우거진 세상? 지나친 착각이었어요

금성과 태양의 거리는 지구와 태양 사이보다 더 가까워요.
당연히 금성이 지구보다 더 따뜻하리라고 짐작할 만하지요.

1960년대까지 사람들은 금성을 따뜻한 바다에 어쩌면 몇 군데 섬이 있을지도 모르는 곳, 혹은 낯설고 이색적인 동물과 식물이 서식하는 습지 같은 행성으로 상상했어요.

옛 소련에서 금성을 탐사하기 위해 발사한 베네라호는 물에 착륙하도록 고안되었어요. 1967년에 발사된 베네라 4호에는 설탕으로 만든 잠금장치가 부착돼 있어 금성의 물에 녹은 뒤 추가적인 통신 안테나를 드러내게 설계됐어요. 하지만 금성은 표면이 암석으로 이루어져 있고 물은 흔적만 남아 있다는 사실이 나중에 밝혀졌어요.

200만 년을 기다려야 다음 별을 만날 수 있는 파이어니어 10호

파이어니어 10호 탐사선은 1972년에 발사되어 1973년에 최초로 목성을 지나갔어요. 그리고 태양계의 끝으로 향했지요.

2003년, 전지를 다 소모한 뒤로는 지구와 연락이 되지 않지만, 무언가에 충돌하지 않는 한 계속해서 나아갈 거예요.

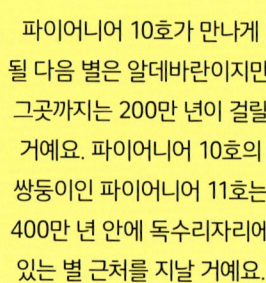

파이어니어 10호가 만나게 될 다음 별은 알데바란이지만, 그곳까지는 200만 년이 걸릴 거예요. 파이어니어 10호의 쌍둥이인 파이어니어 11호는 400만 년 안에 독수리자리에 있는 별 근처를 지날 거예요.

독수리자리

죽음을 각오하고 떠난 인류 최초의 우주 비행사

1961년 4월 12일, 옛 소련의 유리 가가린이 인류 최초로 우주에 갔어요.

그는 옛 소련의 우주선 보스토크 1호의 비행사로 우주에 단 108분 동안 머물렀어요.

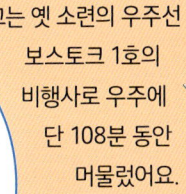

이 임무는 특급 기밀이어서 가가린은 어머니에게도 우주로 떠난다는 말을 하지 않았어요.

그리고 아내에게도 진짜 비행 날짜를 알리지 않고, 임무에 성공한다면 집에 돌아오게 될 날짜로 늦추어 말했어요. 그는 지구로 돌아오리라 기대하지 않았고, 만일을 대비해 자신이 죽는다면 재혼하라는 내용의 편지를 아내에게 남겨 두었어요.

우주 먼지를 잡기 위해 사용한 투명한 '에어로젤'

스타더스트호의 임무는 태양계 밖에 있는 우주 암석의 작은 조각들을 수집해 초경량 젤 속에 모아 두는 일이었어요.

에어로젤

우주 먼지는 소총 탄환보다 여섯 배나 빠른 속도로 움직여요. 나사는 그 조각들을 부서지지 않게 모을 방법을 찾았어요. 에어로젤은 견고하지만, 99.8퍼센트가 공기로 이루어져 우주 먼지 입자를 손상하지 않는답니다.

아무도 에어로젤에서 입자를 다시 꺼내는 방법을 알지 못했고, 스타더스트호가 발사되고 4년이 지나도록 생각조차 하지 못했어요. 2014년에 입자 표본을 지구로 가져왔지만 미세한 우주 입자를 조사하는 데는 여러 해가 걸릴 거예요.

에어로젤 용기

'날 잡아먹어!'
외계인을 부르는 메시지

우주선 보이저 1호와 2호, 파이어니어 10호와 11호는
그들을 발견할지도 모르는 외계인에게 전할 메시지를 싣고
태양계 밖 성간 우주로 가고 있어요.

두 파이어니어호의 외부에는 성인 두 명의 모습과
지구의 위치를 새긴 금속판이 있답니다.

그 메시지를
못마땅해하는
사람들도 있지요.
외계인들에게
지구를 습격해
자원을 얻고 우리를
간식거리 삼으라는
광고인 셈이라고요.
그 말이 틀렸기를 바라요!

화성행 직통
우주선은 없어요

화성으로 향하는 우주선은 태양 주변을 도는 곡선 경로를 통해 간답니다.

지구와 화성은 서로 다른 속도로 태양 주변을 회전해요. 화성으로 떠나기에 가장 좋은 시간은 두 행성의 위치와 속도를 바탕으로 계산해요. 우주선의 궤도가 화성의 궤도와 교차할 때 화성의 위치가 중요해요.

화성에서 출발
2024년 7월

지구에서 출발
2022년 9월

지구에 도착
2025년 3월

화성에 도착
2023년 4월

우주 비행사들은 화성에서 할 일을 마쳐도 바로 떠날 수 없어요. 돌아오려면 행성들이 적절한 위치에 올 때까지 여러 달을 기다려야 해요.

화성에서 들려온 소식

2021년, 화성에 착륙한 퍼서비어런스 탐사선은 장착된 마이크로 화성의 생생한 소리를 담아 지구로 보내 주었어요. 덕분에 우리는 화성의 바람 소리와 탐사선의 바퀴가 화성 표면을 지나가는 덜컹덜컹 소리를 들을 수 있었어요.

카메라로 촬영한 다양한 사진과 동영상도 공개되었어요. 탐사선을 직접 찍은 사진도 물론 있답니다. 화성까지 갔으니 셀카는 기본이었겠지요?

이 탐사선에는 약 14년 동안 동력이 되어 줄 원자력 전지가 실려 있어요.

행성 탐사선은 크레인에 매달려 행성 지표면까지 내려가요

행성의 지표면에 아무것도 없을 때는 무척 편리한 방법이에요.
특별한 스카이 크레인은 탐사선에 함께 실려 있답니다.

스카이 크레인에 매달린 탐사선은 마치 조종당하는 꼭두각시 인형처럼 보여요.

탐사선과 크레인은 낙하산을 펼쳐 행성의 대기에서 아래로 내려오고, 로켓 추진 장치를 점화하여 떨어지는 속도를 늦춰요. 그런 다음 크레인이 케이블에 연결된 탐사선을 지표면에 천천히 내려놓아요.

하지만 크레인의 최후는 아름답지 않아요. 탐사선을 내린 다음에는 케이블을 끊고 날아가 행성의 다른 곳에 충돌하게 돼요.

우주에서 실종된 위성이 7년 후에 발견되었어요

인도의 첫 번째 달 탐사 위성인 찬드라얀 1호는
2009년 지구로 보내는 통신이 끊겨 위치를 알 수 없었어요.

너비가 겨우 1.5미터라서 38만 4,000킬로미터 떨어진 지구에서 찾기가 쉽지 않았지요.

나사는 소행성을 추적하는 성간 레이더로 2016년에 마침내 찬드라얀 1호를 발견했어요.

찬드라얀 1호는 달 표면에서 200킬로미터 상공 궤도에 있답니다. 달 표면에 충돌하기 전까지 총 20년 동안 궤도에 머물 수 있지요.

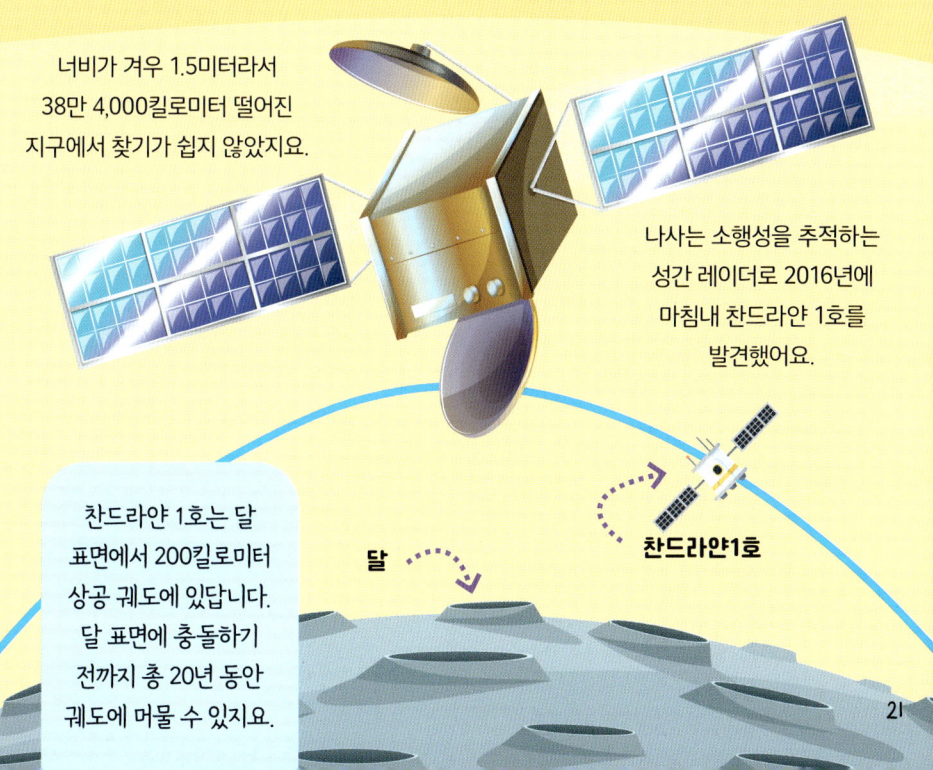

달

찬드라얀1호

일본 우주선은 소행성 조각을 오스트레일리아로 가져갔어요

2005년, 하야부사호는 소행성 25143 이토카와에 30분 동안 착륙했어요.

하야부사호는 소행성 표면에서 알갱이 몇 알 정도 되는 극소량의 표본을 채취하고 지구로 돌아왔고, 2010년에 표본이 든 캡슐을 낙하산으로 오스트레일리아에 떨어뜨렸지요.

또한 하야부사호는 10×12센티미터 크기의 소형 착륙선을 싣고 있었어요. 소행성 표면의 사진을 찍는 용도로 고안되었지만 소행성을 벗어나 우주로 떨어지고 말았어요.

내 마음대로 부릴 수 있는 나사의 주노캠

나사의 목성 탐사선 주노에는 주노캠이라는 카메라가 있어요.
이 카메라는 정기적으로 지구에 사진을 보내 줘요.
사진은 전 세계에 공개된답니다.

주노캠이 목성의 어떤 부분에 초점을 맞추어야 할지 제안할 수 있고, 의견에 투표도 할 수 있어요. 나사는 이렇게 사람들의 의견을 모아 주노를 어떻게 운용할지 정해요.

많은 옛 우주선들이 태양 주변 궤도에 갇혀 있어요

특정한 위치를 향해 발사되지만 목표 지점에 닿지 못한 우주선들은 그냥 사라지는 것이 아니라 태양 주변을 맴돌게 돼요.

최소한 65개의 우주선과 우주선 조각이 현재 태양 중심 궤도를 계속 돌고 있어요.

여기에는 임무를 마쳤거나 경로를 이탈한 옛 탐사선과 여전히 작동하고 있는 위성들 그리고 달로 가는 로켓에서 떨어진 부품이나 패널과 같은 작은 부분도 포함돼요.

심지어 쓰레기도 수백만 년 혹은 수십억 년 동안 끊임없이 돌 수 있어요.

태양 궤도를 달리는 자동차

2018년, 미국의 기업가 일론 머스크는
팰컨 헤비라는 신형 로켓을 시험적으로 발사하면서
빨간색 테슬라 자동차 로드스터를 우주로 보냈어요.

이 자동차는 머스크가 미국 로스앤젤레스에서 통근하며 타던 전기 스포츠 자동차예요.

자동차 운전대는 우주복을 입은 마네킹이 잡고 있어요. 엔진에는 '지구에서 인간이 제조'라고 쓴 명판이 붙어 있답니다.

로드스터는 최대 시속 12만 1,600킬로미터로 궤도를 돌게 돼요. 자동차의 일부는 수십억 년 동안 궤도를 돌 수도 있지만 수백만 년 후면 궤도가 변할 거예요. 그러면 태양으로 뛰어들거나 태양계 밖으로 밀려날 수도 있어요.

먼지는 우주선을 관통할 수 있어요

미소 유성체는 아주 작은 입자로 지름이 3센티미터도 되지 않아요. 비록 아주 작은 입자이지만, 엄청난 속도로 우주선에 부딪히면 심각한 손상을 입힐 수 있지요.

우주선과 위성에는 방탄 층이 있어야 해요. 그래서 우주선 바깥을 덮은 케블라* 층 위에 가벼운 금속 층을 더하기도 해요.

미소 유성체는 보통 바깥쪽 금속에 부딪혀 산산이 부서지고, 그 충격은 보호막 덕분에 분산돼요.

* 방탄복에 쓰이는 섬유예요.

나사의 첫 번째 머큐리 레드스톤 로켓은 단 10센티미터 날았어요

1960년, 미국에서는 군용 미사일이던 레드스톤을 우주선 발사 추진 로켓으로 개량해, 무인 우주선 머큐리 레드스톤 1호(MR-1)를 시험적으로 발사했어요.

비록 사람은 탑승하지 않았지만 MR-1에는 발사에 실패할 경우 안전하게 대피할 탈출 로켓이 있었어요. 유인 비행에서는 이 탈출 로켓이 우주 비행사를 구할 수 있답니다.

그러나 MR-1은 단 10센티미터 날아올랐다가 엔진 이상으로 다시 발사대에 내려앉았어요. 이때 탈출 로켓은 점화되어 1,200미터 상공까지 떠올랐다가 370미터 떨어진 곳에 착륙했어요.

엔지니어들은 주저앉은 추진체의 폭발을 막기 위해 연료 탱크를 소총으로 쏘아 압력을 낮추려고 했어요. 하지만 이 위험한 방법 대신 전지가 소진될 때까지 가만히 기다렸어요.

소행성을 우주에서 끌어와 자원을 채굴할 수 있을지도 몰라요

미국과 벨기에에서 활동하는 한 기업이
소행성을 채굴해 값비싼 금속과 광물 자원을 생산하려 해요.

우주 공간에서 소행성을 붙잡아 우주 정거장에서 채굴할 계획이에요. 그 밖에도 여러 나라들이 치열하게 소행성 탐사 경쟁을 벌이고 있답니다.

모두 우주 정거장을 만들어 행성들 사이를 오가는 우주선이 연료와 산소, 물, 다른 유용한 물자를 채우는 단기 체류지로 활용하려 해요.

우주에 간 최초의 여성은 어머니에게 미리 알리지 않았어요

옛 소련의 우주 비행사 발렌티나 테레시코바는
1963년에 보스토크 6호를 타고 3일간 비행해
최초로 우주에 간 여성이 되었어요.

테레시코바의 어머니는 우주에서 찍은 사진을 텔레비전에서
본 뒤에야 딸이 우주에 갔다는 사실을 알았어요.
비록 선명하지 않은 사진이었지만, 어머니는 딸을 확실히
알아봤어요. 딸이 낙하산 훈련을 받았다는 것은 알았는데,
그 이상은 전혀 모르고 있었지요.

가장 모험적인 탐사차는 오퍼튜니티호예요

탐사선은 달과 다른 행성들의 지표면 위에서 움직이지만 그리 멀리 가지는 않아요.

가장 멀리까지 간 탐사선은 화성으로 간 오퍼튜니티호예요. 오퍼튜니티호는 2004년 1월부터 2018년 6월까지 시속 180미터의 속도로 45킬로미터를 이동했어요.

2등은 옛 소련의 루노호트 2호로 1973년에 달 표면을 39킬로미터 주행했어요.

중국의 달 탐사선 위투* 1호는 착륙 위치에서 고작 114미터 움직였어요.

* 위투는 중국어로 옥토끼를 뜻해요.

탐사선이 소행성에 가스를 분출할 거예요

2016년에 발사된 탐사선
오시리스-렉스호는
2018년에 소행성 베누에 도착했고,
2년 이상 지표면을 조사했어요.

그리고 질소 가스를 분사해
소행성의 표본을
채취했답니다.

오시리스-렉스호는 최소한 60그램의
표본을 채취하는 임무를 마친 뒤
2021년에 지구로 출발했고,
2023년 9월에 도착할 거예요.

이 탐사선은 표본이 든 캡슐을
지구로 떨어뜨린 뒤 태양 중심
궤도로 날아가 사라지겠지요.

우주선 발사 로켓의 대부분은 발사 직후 몇 분 만에 버려져요

로켓을 우주로 쏘아 올리는 데는 어마어마한 에너지가 들어요. 그 에너지는 연료를 연소하면서 얻는답니다.

로켓은 여러 단으로 설계되고, 연료를 실은 거대한 하단부는 발사의 첫 단계에서만 사용돼요.

따라서 로켓이 연료를 사용하고 나면 곧바로 분리시켜 떨어뜨릴 수 있어요.

미국의 유인 달 탐사 계획인 아폴로 계획의 일부인 새턴 5호 로켓은 발사된 지 12분 만에 아래 두 단이 떨어져 나갔고, 3시간 안에 나머지 부분도 분리되었어요.

나사는 엔셀라두스의 바다에 '얼음 두더지'를 보내 생명체를 찾아볼 거예요

토성의 위성인 엔셀라두스의 얼어붙은 표면 아래 바다는 지구 이외에 생명체를 찾을 가능성이 가장 큰 장소예요.

나사는 엔셀라두스의 표면을 녹이고 표본을 채취하기 위해 '아이스몰'이라는 탐사선을 보낼 계획이에요. 아이스몰은 이미 남극 얼음을 뚫는 데 사용되었어요.

아이스몰은 얼음을 헤쳐 나가는 경로를 알아서 고르고 마주치는 어떤 장애물도 피해 스스로를 보호해요.

아이스몰이 찾는 것은 바닷속 거대 생물이 아니라 기껏해야 아주 작은 미생물일 거예요. 하지만 무엇을 찾게 될지는 아무도 모르는 일이에요.

달 탐사선을 사들인 게임 개발자

리처드 게리엇은 1993년에 옛 소련의 달 탐사선인 루나 21호와 루노호트 2호를 6만 8,500달러에 샀어요. 하지만 둘 다 아직 달에 있어요.

루노호트 2호는 1973년에 달로 발사됐어요. 먼지 때문에 작동이 멈추기 전까지 달 표면에서 36.4킬로미터를 움직였고, 지금도 달까지의 거리를 측정하는 레이저를 쏘아 반사하는 데 이용되고 있답니다(130쪽 참조).

게리엇은 달에서 자신의 탐사선이 점유한 땅은 자신의 것이라고 주장해요.

루노호트 2호

화성으로 가서 다시는 돌아오지 않는 계획에 20만 명 넘는 사람들이 지원했어요

지금도 화성에 갈 수는 있지만 화성에서 지구로 돌아오는 우주선을 띄우는 일은 어려워요. 그래서 마스 원 재단은 화성행 편도 여행의 지원자를 모집했는데, 많은 사람들이 가겠다고 나섰어요.

화성에 가더라도 오랫동안 외롭지는 않을 거예요. 지구와 화성은 26개월마다 우주선을 쏘아 올리기 좋은 위치에 놓이기 때문에 더 많은 사람들이 뒤따라 화성에 가게 되겠지요.

어떤 우주 과학자는 단 한 명이나 한 쌍을 화성에 보내자고 제안했어요.

화성에 사람들을 정착시켜 식민지를 세우려고 계획하는 단체도 있어요.

우주에 가면······
우주 공간은 우리 몸에 큰 영향을 끼쳐요.

중력이 없으면 심장이 줄어들어요. 몸 전체에 피를 보내는 데 힘이 덜 들기 때문이에요.

나사는 1년 동안 국제 우주 정거장에 머물렀던 스콧 켈리와 같은 시기를 지구에서 보낸 일란성 쌍둥이 마크 켈리의 건강 상태를 비교해 봤어요.

우주에는 물체를 아래로 끌어내리는 중력이 없어요. 스콧 켈리는 무중력 상태의 우주에서 1년을 지내며 키가 5센티미터나 커졌어요. 반면 뼈는 더 약해졌지요.

우주에서 울면 눈물방울이 떨어지는 대신 하나의 큰 덩어리로 뭉쳐 둥둥 떠다니게 돼요.

우주에서 두 달을 지내고 나면 발바닥에 있던 굳은살이 모두 벗겨지고, 보드라운 새살만 남아요.

시력도 나빠져요. 안경을 쓰는 우주 비행사들은 우주에서 몇 달을 보낸 후 도수가 더 높은 안경을 쓰기도 해요.

지구에서는 중력이 우리 몸의 체액을 다리로 끌어내리지만, 중력이 없는 우주에서는 체액이 몸 전체에 고르게 퍼지는데, 그러면 몸 위쪽에 체액이 많아져 얼굴이 붓거나 두통이 생길 수 있어요.

우주에서는 근육 양이 쉽게 줄어들기 때문에 우주 비행사는 적어도 하루에 두 시간 이상 운동해야 해요.

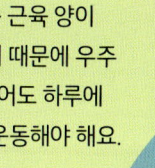

어떤 우주 비행사들은 미각을 잃거나 입맛이 바뀌어 평소에는 좋아하지 않던 것을 좋아하거나, 보통 때 좋아하던 것을 싫어하게 되기도 해요.

화성까지 가는 데는 5~10개월이 걸리고 우주 비행사는 2~3년 동안 작은 공간에 다른 사람들과 함께 갇힌 채 지구를 떠나 있게 돼요. 따라서 육체적으로 부담이 클 뿐만 아니라 감정적으로나 정신적으로도 힘들어요.

나사는 우주로 가는 관문이 될 달 기지를 세우려 해요

지구와 달 사이에 놓일 나사의 우주 본부는 달과 화성으로 가는 탐험을 지원할 거예요.

이전에 설계된 그 어떤 로켓보다 강력한 나사의 우주 발사 시스템이 달에 필요한 부품들을 우주로 실어 나를 거예요.

태양열로 작동할 전력 시스템과 우주 비행사들이 거주할 공간도 쏘아 올릴 거예요.

유명해진 우주의 거미들

2011년, 나사는 황금원형거미 두 마리를 국제 우주 정거장에 보냈는데, 이름은 글래디스와 에스메랄다예요.

중력이 거의 없는 미소 중력 상태에서 거미들이 거미줄을 얼마나 잘 치는지 관찰하는 프로그램에 13만 명이 넘는 학생들이 등록했어요. 관찰한 결과, 거미는 중력이 거의 없어도 거미줄을 칠 수 있다고 밝혀졌지요.

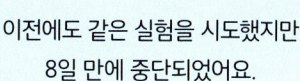

이전에도 같은 실험을 시도했지만 8일 만에 중단되었어요.

거미의 먹이는 초파리였는데, 우주 비행사들이 초파리를 한꺼번에 풀어 주는 바람에 초파리들이 서식처의 유리를 뒤덮어 버렸고, 결국 유리 안 서식처를 관찰할 수 없었어요.

미국 우주 프로그램을 운영한 독일인

제2차 세계 대전이 끝날 무렵, 많은 독일 과학자들은 미국에 투항했어요.

그중에는 로켓 과학자 베르너 폰 브라운과 그의 연구팀도 있었어요. 그는 미국으로 건너가 나사의 마셜 우주 비행 센터 초대 소장이 되었지요.

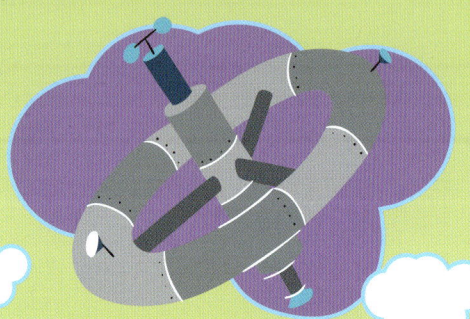

폰 브라운은 우주 정거장을 제안했고, 화성 여행을 계획했으며 아폴로 우주선을 우주로 보낸 새턴 5호 로켓을 구상했어요.

특히 새턴 5호는 자신이 설계한 독일군의 V2 로켓을 바탕으로 만들어 냈지요.

국제 우주 정거장에서는 시간이 천천히 흘러요

우주 비행사들은 지구에 사는 사람들보다 조금이나마 나이를 느리게 먹어요.

국제 우주 정거장에 있는 우주 비행사의 1년은 0.01초 길어요.

시간은 행성처럼 거대한 물체에 가까워질수록 천천히 흘러요. 따라서 지구의 시간이 국제 우주 정거장보다 천천히 흘러야 하지요.

하지만 속도도 시간의 흐름에 영향을 끼치는데, 빠르게 움직이면 시간이 천천히 흐르지요. 국제 우주 정거장은 지구보다 느리게 흐르는 시간을 채울 만큼 빠르게 움직여요.

우주 비행사가 우주에서 움직이지 않는다면 지구에 있을 때보다 아주 조금 빨리 나이 들게 돼요.

가장 빠르게 날아간 유인 우주선 아폴로 10호

1969년에 달에서 지구로 돌아오던 아폴로 10호는
최대 시속 3만 9,897킬로미터로 날았어요.
우주인을 태운 유인 우주선으로는
가장 빠른 기록이에요.

2014년에 목성으로 가던
무인 탐사선 주노호는
중력의 영향을 받아 최대 시속
약 26만 6,000킬로미터로 날았어요.
하지만 태양을 향해 가는 탐사선
파커호는 최대 속력이 시속 69만
2,000킬로미터에 이를 거예요.

우주를 지켜요

우주선은 어쩔 수 없이 지구의 미생물을
우주로 실어 나르게 돼요.

이 미생물은 달이나 생명체가 있을지도 모르는 행성을
오염시킬 수도 있어요. 진화의 과정에 해를 끼치거나
변화를 일으킬 수도 있고요.

국제 협약은 모든 우주 발사체를
철두철미하게 청소하도록 규정하고 있어요.
어떤 우주선에도 30만 개 이상의 미생물이
존재해서는 안 되지요.

2003년, 목성 탐사선 갈릴레오호는 임무를 마친 뒤
스스로 목성으로 뛰어들었어요. 생명체가 살지도 모르는
목성의 위성과 부딪혀 외계 생태계를 오염시키지
않기 위해서였답니다.

목성에서 오는 외계인을 위한 우주 공항이 있었어요

세계 유일의 우주 공항은 1994년에 미국 와이오밍주의
그린 리버 마을에 세워져 약 20년 동안 있었어요.

그린 리버 은하 간 우주 공항

1994년, 나사는 목성이 부서진 혜성 덩어리와 충돌할 위험이 있다고 발표했어요.

그린 리버 마을의 주민들은 목성에 사는 생명체들을 걱정하며 난민들을 환영해 주기로 했지요.

세계에서 유일한 은하 간 우주 공항이었지만, 환영 표지판과 풍향계가 전부였답니다.

화성을 살피려고 지은 천문대에서 명왕성을 발견했어요

미국 기업가 퍼시벌 로웰은 애리조나주 플래그스태프에 '로웰 천문대'를 지었어요. 지구가 화성과 가까워졌던 1896년에 화성에 있다고 보고된 '운하'(165쪽 참조)를 탐사하기 위해서였어요.

로웰은 화성에 지적 생명체가 살지도 모른다는 생각에 열광했어요.

화성에 운하가 존재하지 않는 것으로 밝혀지자 로웰은 운하 대신 다른 행성을 찾기로 했어요.

그리고 1915년에 명왕성을 촬영했지만, 너무 희미해서 행성이라는 사실을 알아차리지 못했어요.

명왕성이 공식적으로 발견된 건 1930년이에요. 그것도 로웰의 천문대에서요. 하지만 로웰이 아닌 클라이드 톰보가 발견했어요.

우주에 간 동물들

1949년에, 앨버트 2세라는 원숭이가 최초로 우주에 갔지만 돌아오는 길에 죽고 말았어요.

거미, 알에 든 닭의 배아, 도마뱀, 해파리, 벌을 비롯하여 애벌레 시절을 씨앗 안에서 보내는 멕시칸 점핑빈까지 다양한 동물들이 우주에 갔어요.

우주로 보내진 쥐도 있었는데 귀환할 때 로켓이 부서지는 바람에 목숨을 잃었어요.

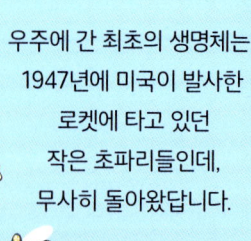

우주에 간 최초의 생명체는 1947년에 미국이 발사한 로켓에 타고 있던 작은 초파리들인데, 무사히 돌아왔답니다.

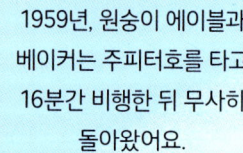

1959년, 원숭이 에이블과 베이커는 주피터호를 타고 16분간 비행한 뒤 무사히 돌아왔어요.

우주에 간 가장 유명한 동물은 러시아의 떠돌이 개 라이카였는데, 1957년에 비행 중에 숨을 거뒀어요.

러시아 개 베테로크와 유골리요크는 1966년에 코스모스 110호를 타고 우주에서 22일을 보내 새로운 기록을 세웠어요.

1960년, 스푸트니크 5호는 개 2마리, 생쥐 42마리, 집쥐 2마리, 회색 토끼 1마리, 초파리 떼를 싣고 지구 궤도를 돈 후 귀환했어요.

존드 5호는 1968년에 러시아땅거북 2마리, 밀웜, 파리, 식물, 씨앗, 세균을 태우고 최초로 달 궤도를 돌았어요.

우리 눈에 보이지 않을 정도로 아주 작은 물곰 같은 완보동물은 매우 낮은 온도와 어마어마한 양의 방사성 물질이 쏟아지고 산소가 없는 대기권 밖 우주에서 살아남을 정도로 강인해요.

우주에서 태어난 해파리는 중력에 적응하지 못해요

1990년대에 우주 비행사들은 해파리가 중력을 이용하는 방법을 탐구하려고 6만 마리가 넘는 해파리를 우주 왕복선 컬럼비아호에서 번식시켰어요.

해파리의 몸에는 방향을 알려 주는 특별한 기관이 있어요.

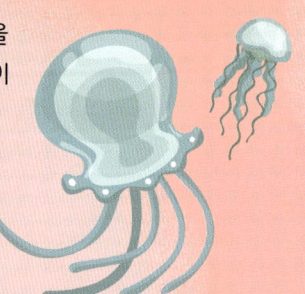

해파리 몸속에 있는 황산칼슘 결정이 중력에 따라 움직이며 방향을 전환하는 센서와 같은 역할을 해요.

하지만 중력이 거의 없는 우주에서 태어난 해파리는 중력을 알아차리는 법을 배우지 못해요.

해파리가 지구로 돌아오면, 몸이 중력에 적응하지 못하고 방향 감각을 상실해 버려요.

베네라 7호는 다른 행성에서 지구로 데이터를 보낸 첫 우주선이에요

1970년, 옛 소련 우주선 베네라 7호는 금성에 도착했지만, 착륙이 순조롭지는 않았어요.

부드럽게 착륙하려고 펼친 낙하산이 망가지는 바람에, 금성의 대기권으로 급격히 떨어지며 뜨거운 표면에 충돌했거든요.

착륙하며 지구로 데이터를 전송했지만, 금성 지표면에 부딪치고 구르면서 안테나 각도가 틀어져 지구 방향과 맞지 않게 되었어요.

처음에는 베네라 7호의 통신이 완전히 끊긴 줄 알았어요. 하지만 일주일 뒤에 베네라 7호가 23분간 약한 신호를 보냈다는 사실이 밝혀졌고, 그렇게 다른 행성에서 지구로 데이터를 보낸 최초의 탐사선으로 기록되었어요.

나사의 발키리 로봇이 화성 개척을 도울 거예요

발키리(R5)는 인간을 닮은 휴머노이드 로봇으로 키 190센티미터에 몸무게는 136킬로그램이에요.

걷고, 보고, 손을 사용할 수 있으며 척박한 환경에서도 일할 수 있어요.

발키리는 화성에서 우주 비행사들과 함께 주거지를 짓고, 자원을 채굴하고, 다른 문제들을 도울 거예요.

우주 최초의 휴머노이드 로봇은 2012년부터 국제 우주 정거장에서 사용된 로보넛 2였어요.

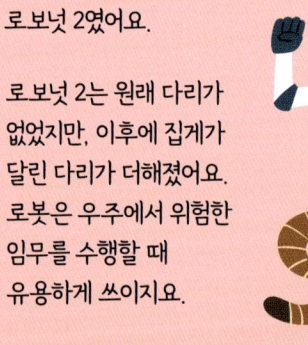

로보넛 2는 원래 다리가 없었지만, 이후에 집게가 달린 다리가 더해졌어요. 로봇은 우주에서 위험한 임무를 수행할 때 유용하게 쓰이지요.

우주에서 가장 오래 머문 사람은 러시아 우주 비행사 발레리 폴랴코프예요

폴랴코프는 1994년부터 1995년까지 무려 1년 2개월, 약 438일 동안 미르 우주 정거장에 머물렀어요.

러시아의 아나톨리 솔로비요프는 우주선 밖 우주 공간에서 가장 오랜 시간을 보낸 사람이에요.

16번이나 우주 유영을 하며 총 82시간 10분 동안 우주선 밖에 머물렀어요.

모든 우주 비행을 통틀어 우주에서 가장 오랜 시간을 보낸 사람은 러시아의 우주 비행사 겐나디 파달카예요. 우주 비행을 다섯 번 떠나 국제 우주 정거장과 러시아의 우주 정거장 미르에 모두 878일 동안 머물렀지요.

우주 정거장은 우주의 본부예요

우주 정거장은 미리 조립해 발사하기에는 규모가 너무 크기 때문에, 각 부분을 따로 우주로 보낸 뒤에 우주에서 조립해 만들어요.

1986년에 발사된 미르 우주 정거장은 세 번째 우주 정거장으로, 이전보다 규모가 크고 본격적인 형태였어요. 원래는 5년 동안 사용될 예정이었지만, 15년이나 쓰이다 2001년에 폐기되었지요.

미르를 발사한 소련은 1991년에 해체되었지만 미르는 10년 더 임무를 수행했어요.

미르는 지구 궤도를 약 8만 6,000번 돌고 난 뒤 속도를 줄여 지구로 들어오며 폐기되었어요. 이때 대기권을 지나면서 불타고 남은 파편은 안전하게 남태평양에 떨어졌지요.

국제 우주 정거장이 우리 위를 지날 때면 맨눈으로 볼 수 있을 정도로 밝게 빛나요. (https://spotthestation.nasa.gov에서 지역마다 보이는 시간을 확인할 수 있답니다.)

미국 최초의 우주 정거장 스카이랩은 '궤도의 작업실'이라고 불렸어요. 하지만 나사는 거창한 우주 정거장을 짓고 싶어 했기에 스카이랩이 진짜 우주 정거장을 준비하는 역할 이상은 하지 않기를 바랐어요.

스카이랩에 마지막으로 탑승했던 승무원들은 과도한 임무에 시달린 나머지 통신을 끄고 파업을 했다는 이야기가 있어요. 그러나 승무원들은 지구와 통신하는 일을 세 명이 돌아가며 맡았는데, 어느 날 실수로 셋 다 통신을 꺼두었을 뿐이라고 말했지요.

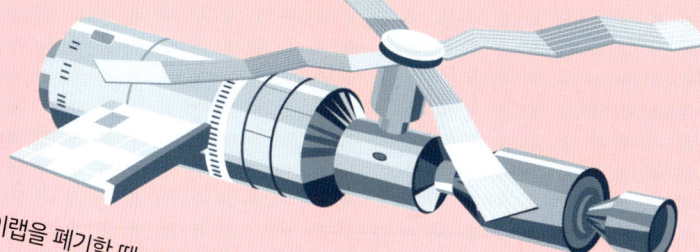

스카이랩을 폐기할 때, 미국의 한 신문사는 스카이랩이 미국에서 먼 곳에 추락할 것을 알고는 추락 후 72시간 안에 스카이랩의 파편을 가져오는 독자에게 상금 1만 달러를 주겠다고 했어요. 오스트레일리아의 17세 소년이 마당에 떨어진 파편을 주워 재빨리 비행기를 타고 마감 시간 전에 미국 신문사에 와 상금을 받았지요.

스카이랩은 1974년부터 1979년까지 5년 동안 운영되었지만, 승무원이 탑승한 기간은 단 171일이었어요.

53

바위는 많지만 크레이터는 거의 없는 유일한 행성

2. 우주 속 지구

수성과 화성, 금성과 달은 거대한 크레이터로 울퉁불퉁 패어 있지만 지구에는 크레이터가 별로 없어요. 지구도 우주 물질과 종종 충돌하지만 지구 표면이 메워지기 때문이지요.

바람과 비, 움직이는 얼음, 밀려드는 홍수, 강과 바다는 모두 지구 표면을 닳게 만들어요. 그래서 크레이터가 만들어져도 이내 평평해지지요. 하지만 사라지지 않은 크레이터도 있어요.

남아프리카의 브레드포트 충돌 크레이터는 20억 년 전에 운석이 충돌하면서 만들어졌는데, 당시 지름이 약 380킬로미터였을 것으로 추정돼요.

독일 면적의 3분의 1에 맞먹는 크기이지요.

우주에서 온 바위가 지구에 떨어지는 일이 늘 일어나요

혜성이나 소행성에서 떨어진 작은 암석이나 태양계를 떠돌던 먼지가 끊임없이 지구에 떨어지지만 대부분은 대기권에서 불타 버려요.

우주의 크고 작은 돌은 지구 대기를 빠르게 통과하면서 대개 뜨거워져 완전히 타 버리는데, 이것이 바로 유성이에요.

크기가 큰 유성은 우리 눈에 보이기도 하는데, 바로 별똥별이지요!

지구 지표면까지 도달하는 바위 파편들을 운석이라고 해요. 운석이라고 해서 모두 큰 바위나 금속 덩어리는 아니에요. 대개는 돋보기나 현미경이 있어야 보일 정도로 아주 작은 유성진이랍니다.

우리 집에 유성진이?

지름이 1밀리미터에도 못 미치는 유성진은
떨어지는 속도가 빠르지 않아 지구의 대기권에서
타지 않는 데다 매우 작아서 어디로든 갈 수 있어요.

유성진은 쉽게 날아가거나 씻겨 나가기 때문에 우리 발이 푹푹 빠질 정도로 쌓이지는 않아요. 그렇다고 유성진이 사라지는 것은 아니에요. 북극의 눈 속에 파묻히거나 바다 깊이 가라앉아 차곡차곡 쌓이지요.

매년 약 300만 킬로그램의 유성진이 지구 표면에 고르게 퍼지며 내려앉는데, 평균적으로 매년 1만 제곱센티미터에는 유성진 입자 1개가 떨어져요. 바람에 실려 이동하며 우리가 생활하는 집이나 학교에 들어오기도 하지요.

하늘은 초록색이나 빨간색, 또는 보라색으로 빛나기도 해요

북극광 또는 남극광이라고 불리는 오로라는 초록색, 파란색, 노란색, 빨간색, 보라색이 하늘에서 소용돌이치듯 변하는 장관을 보여 줘요.

태양에서 흘러나오는 전기를 띤 미세한 입자가 지구 대기의 원자나 분자들과 충돌해 오로라가 만들어져요.

오로라는 북극과 남극에서만 나타나요. 지구 자기장이 태양 입자를 극지방으로 끌어당기기 때문이에요.

오로라는 대개 극지방에 동시에 나타나고, 거울상처럼 대칭이에요. 심지어 우주에서도 볼 수 있답니다!

치명적인 운석

약 6,600만 년 전, 소행성 하나가 지구와 충돌했어요.
그 영향으로 지구 환경에 큰 변화가 일어났고,
공룡 대부분을 비롯한 각종 식물과 동물이 멸종됐어요.

1978년, 멕시코만에서 대형 분화구가 발견되었는데, 지름이 약 15킬로미터에 달하는 거대한 소행성이 충돌해 만들어진 것으로 추정돼요.

세계 곳곳의 6,600만 년 전 퇴적층에서 이리듐이 발견돼요. 이리듐은 지구에는 희귀하지만 소행성에는 흔한 물질로, 당시 충돌한 소행성의 작은 입자들이 지구 전체로 퍼졌다고 추측해 볼 수 있어요.

공룡의 하루는 더 짧았어요

지구가 처음 만들어졌을 때는 자전축을 중심으로
지금보다 4~5배 더 빠르게 회전했어요. 그래서 하루가
5~6시간밖에 되지 않거나 그보다 더 짧았을지도 몰라요.

달이 생긴 뒤에는 (104쪽 참조) 달의 인력 때문에 지구의 자전 속도가 느려졌고 하루는 더 길어졌지요.

난 너희보다 22분 더 짧은 하루를 살았어!

지구의 자전은 계속 느려지고 있어서 앞으로 100년 뒤면 하루는
지금보다 0.002초 길어질 거예요. 5만 년 후에는 하루가
1초 길어지고요. 1초라고 하면 얼마 안 되는 시간 같지만
수백만 년에 걸쳐 모이면 상당한 차이가 돼요!

켜켜이 쌓인 지구

지각은 행성 가장 바깥쪽을 덮은 얇은 껍질이에요. 지구의 지각은 육지와 물로 뒤덮인 암석인 해저로 이루어져요.

지구 전체에서 지각이 차지하는 부피는 단 1퍼센트예요. 두께는 대륙 지각이 약 30킬로미터, 해양 지각이 약 5킬로미터이지요.

지각 아래로는 몹시 뜨겁고 녹아 있는 암석 물질인 마그마가 천천히 움직이고 있어요.

지각 / 상부 맨틀 / 하부 맨틀 / 외핵 / 내핵

지구 중심은 아주 뜨거운 철로 이루어져 있어요. 외핵은 액체, 내핵은 고체 상태예요.

지구는 타원이에요

지구는 완전한 구가 아니라 위아래가 눌린 공과 비슷한 모양이에요. 양극보다 적도 부근이 더 부풀어 있지요. 하지만 실제로는 원에 거의 가깝게 보여요.

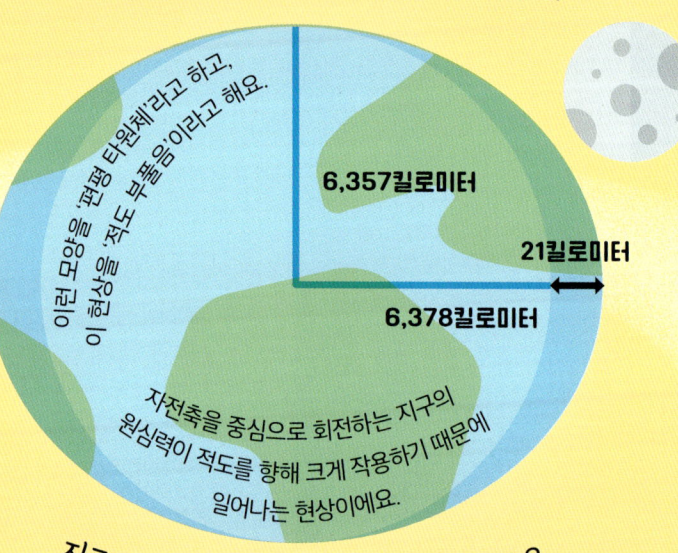

이런 모양을 '편평 타원체'라고 하고, 이 현상을 '적도 부풀음'이라고 해요.

6,357킬로미터

21킬로미터

6,378킬로미터

자전축을 중심으로 회전하는 지구의 원심력이 적도를 향해 크게 작용하기 때문에 일어나는 현상이에요.

지구의 중심에서 적도를 잇는 적도 반지름은 지구의 중심에서 북극 또는 남극을 잇는 극반지름보다 약 21킬로미터 더 길어요.

달에서 본 지구는 움직이지 않아요

우리가 밤에 달을 올려다보면 달이 동쪽에서 서쪽으로 하늘을 가로지르는 것처럼 보여요.

하지만 실은 지구가 자전하며 달을 바라보는 우리의 위치가 달라지기 때문이에요. 태양이 동쪽에서 떠서 서쪽으로 지는 것도 같은 이치이지요.

만일 달에 서서 지구를 바라본다면 지구는 하늘을 가로지르며 움직이지 않을 거예요.

지구에서는 항상 달의 같은 면만 보여요. 달의 다른 면을 보려면 우리가 지구를 떠나 달의 뒤쪽으로 가는 수밖에 없어요.

달이 돌아다녀요

지구의 정중선, 즉 지구 둘레가 가장 넓은 지점을 적도라고 해요. 달이 지구의 적도 위에서 공전한다고 생각할 수도 있지만, 꼭 적도를 따라가지는 않아요.

한 달이 지나는 동안 달은 적도 위아래로 최대 28.5도까지 벗어나 움직여요.

달의 움직임은 밀물과 썰물에 영향을 주어요(129쪽 참조). 달의 위치에 따라 바닷물이 더 높게 차오르기도 하고 더 낮게 빠져나가기도 하지요.

달이 바로 위에 떠 있는 바닷가에서는 바닷물이 평소보다 높게 차올라요.

또 다른 위성이 있지만 소행성일 뿐이에요

지구에는 지구를 따라 태양 궤도를 함께 돌며 지구 주위 또한 계속 맴도는 소행성이 하나 있어요. 이름은 2016 HO3으로, 그다지 재미있거나 매력적인 이름은 아니지요.

2016년에 발견된 이 소행성은 달보다 38배 멀리 있고 지름이 40~110미터 정도밖에 되지 않아요.

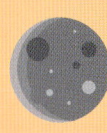

달

2016 HO3는 '유사 위성'이라고 해요. 진짜 위성(달)과 달리 지구와 멀어졌다 가까워지기도 하고, 안정적인 궤도를 유지하며 돌지도 않아요.

지구

2016 HO3

약 100년 전부터 지구 주변에 있었던 이 소행성은 앞으로도 수백 년 동안 우리 곁에 머무르다 떠나갈 거예요.

햇빛이 비스듬하게 내리쬐는 극지방은 더 추워요

태양의 빛과 열을 전달하는 햇빛은 적도 근처에서는 수직에 가깝게 내리쬐지만 다른 곳에서는 비스듬하게 비추어요.

극지방에서는 같은 양의 햇빛이 더 넓은 지역에 분산되기 때문에 덜 따뜻하게 느껴져요.

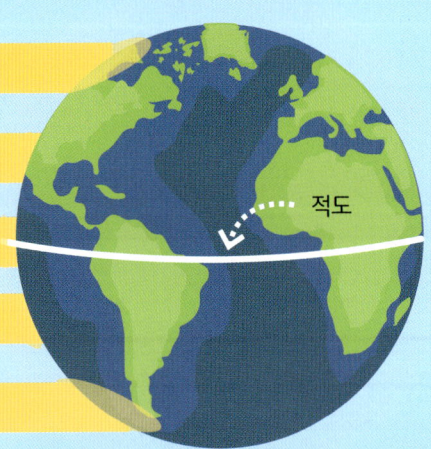

태양 광선

가장 강한 직사광선

적도

극지방과 적도 사이 지역에서는 태양 고도가 높아지거나 낮아지며 변하기 때문에 기온도 그에 따라 더워지거나 추워져요.

옛날에는 지구가 태양 주위를 돈다는 사실을 믿지 않았어요

지금 우리는 지구가 태양 주위를 돈다는 사실을 알지만 1600년경까지만 해도 대부분의 사람들은 태양이 지구 주위를 돈다고 생각했어요.

하지만 우리가 보는 하늘은 예나 지금이나, 어디에서 보든 똑같아서 수학으로 계산하지 않으면 태양이 도는지 지구가 도는지 알 수 없어요.

사람들은 행성들의 움직임을 주의 깊게 관찰하고 계산해 마침내 지구가 태양 주위를 돈다는 사실을 알아냈어요.

천동설로 본 우주

태양과 다른 행성들이 모두 지구를 중심으로 돈다면, 행성들이 앞뒤로 왔다 갔다 하며 우스꽝스러운 춤을 출 거예요. 하지만 우주로 나가 보기 전까지는 지동설을 완전히 증명할 수 없었답니다.

북극성이 항상 북극에 있는 것은 아니에요

별들의 위치를 보기 위해 가상으로 만든 구를 천구라고 하는데, 북극성은 천구의 북극(지구의 자전축을 연장해 천구와 만나는 점)에 가장 가까운 별이에요. 반면 천구의 남극에 가장 가까운 별은 없어요. 적어도 지금은요.

극점 바로 위의 하늘은 아주 천천히 움직여요. 지구의 자전축이 느리게 돌아가는 팽이처럼 돌아가며 조금씩 흔들리기 때문이에요.

천구의 북극
자전축
천구의 남극

조금씩 흔들리는 지구의 자전축은 약 2만 5,700년 후 완전히 한 바퀴를 돌게 돼요. 그때면 북극성이 다시 극성이 되겠지요.

북극성이 다시 극성이 되기 전까지는 극성이 없거나 다른 별이 극성이 될 수 있어요.

바다는 화산에서 시작됐는지도 몰라요

지구는 태양계에서 유일하게 물이 있는 드넓은 바다가 있어요. 물이 어디에서 생겨났는지는 아직 확실하지 않아요.

과학자들에 따르면 지구에 물이 충분한 이유에는 4가지 가능성이 있어요.

지구 안쪽에서 만들어진 물이 화산으로 빠져나왔을 수 있어요.

어쩌면 서서히 쌓여 지구를 이룬 먼지 입자들이 이미 젖어 있었는지도 몰라요. 그렇다면 물은 처음부터 있었던 셈이지요.

혜성들이 지구에 물을 가져왔을 가능성도 있어요.

혹은 물이 있는 소행성과 운석이 지구에 떨어져 여기저기 퍼졌을 수도 있지요.

지구는 돌고 돌아요

지구는 자전축을 중심으로, 그리고 태양을 중심으로 돌아요.
그리고 태양과 태양계 전체는 우리 은하 주변을 돌지요.

지구가 한 바퀴 도는 자전 주기 24시간이 우리의 하루예요. 또, 지구가 태양 주위를 한 바퀴 도는 365.25일에 따라 365일을 1년으로 삼지요. 이때 남는 0.25일을 모아 4년에 한 번씩 1년에 하루를 더하는데, 이 해가 윤년이에요.

뭐 하는 거야?

윤년이잖아. 껑충 뛰어야지.*

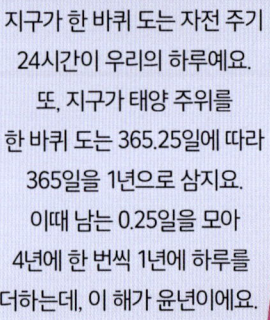

태양계는 우리 은하 주변을 공전하는데, 한 바퀴를 도는 데 약 2억 3,000만 년이 걸려요. 태양계가 마지막으로 지금 이 자리에 있었을 때 지구에는 공룡이 막 나타나기 시작했지요!

---

* 영어로 윤년을 leap year라고 해요. leap은 껑충 뛰거나 뛰어넘는다는 뜻인데, 윤년이 있으면 평년보다 하루가 늘어나요.

우리는 시속 1,600킬로미터로 움직이고 있어요

우리가 적도에 가만히 서 있다고 하면, 지구의 자전 때문에 시속 1,600킬로미터가 넘는 속도로 움직이는 셈이에요. 하지만 다른 모든 것도 함께 움직이기 때문에 우리는 그 사실을 알아채지 못해요.

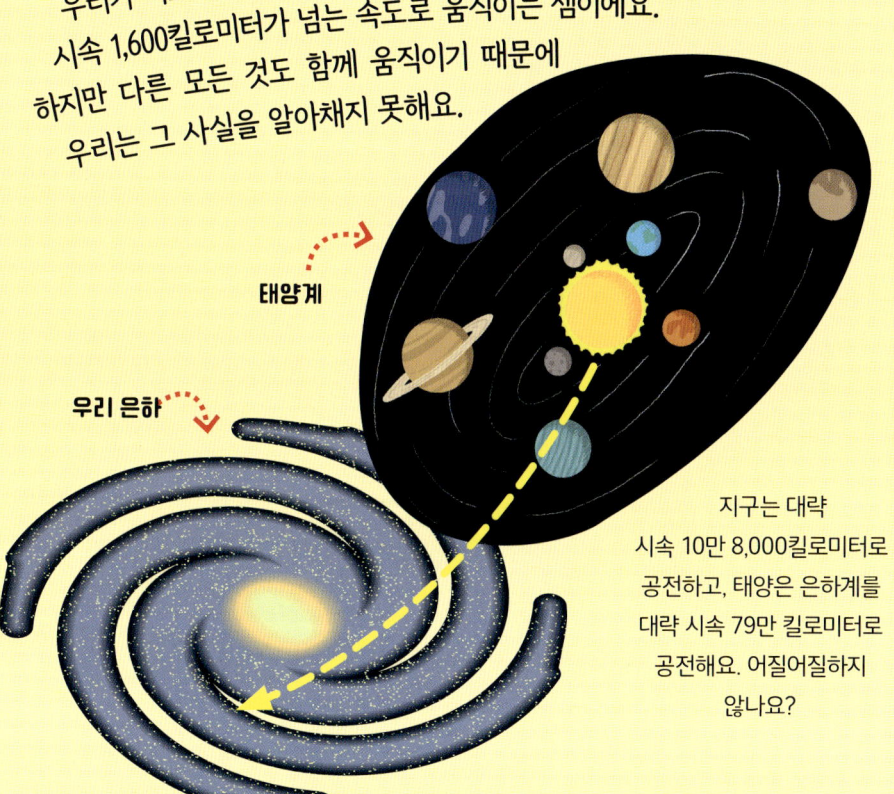

태양계

우리 은하

지구는 대략 시속 10만 8,000킬로미터로 공전하고, 태양은 은하계를 대략 시속 79만 킬로미터로 공전해요. 어질어질하지 않나요?

인공위성이 떨어져요

인공위성은 지구 위 궤도에 늘 떠 있어요.
하지만 늘 떨어지고 있기도 해요.

지구 궤도를 도는 인공위성은 자유 낙하하고 있어요.
중력 때문에 지구 방향으로 이끌리지만
지구로 떨어져 충돌하지 않을 만큼
빠른 속도로 움직이고 있다는 뜻이에요.
지구가 둥글고 자전하기 때문에 가능한 일이지요.

중력이 작용하지 않을 때

중력이 작용할 때

인공위성이 움직이는 속도와
중력이 균형을 이루어야만
인공위성이 지구 궤도를
계속 돌 수 있어요.

인공위성은 속도가 너무 느리면
지구로 추락하고, 너무 빠르면
우주로 날아가 버릴 거예요.

우주 쓰레기는 골칫거리예요

**지구에 쓰레기가 넘쳐 나는 것처럼
우주에도 쓰레기가 너무 많아요.**

시속 약 2만 7,350킬로미터로
지구 궤도를 돌고 있는
50만여 개의 우주 쓰레기를
레이더로 계속 추적하는데,
다른 위성이나 우주선에 부딪히면
큰 피해가 일어날 수 있기
때문이에요.

대부분의 우주 쓰레기는
작동하지 않는 낡은 위성의
파편이나 쓸모없어져 폐기된
로켓의 부품이에요.

야구공보다 큰 쓰레기는
2만여 개, 구슬보다 큰 쓰레기는
50만여 개, 그보다 작은
쓰레기는 수백만 개가 넘어요.

지구 생명체가 우주에서 왔다고 생각하는 과학자들도 있어요

거대한 사자, 고래, 혹은 공룡이 아니라, 아주 작은 미생물들이 혜성이나 소행성에 실려서, 또는 우주를 떠돌다 왔을 거라고 말이에요.

우주를 떠돌던 미생물이 살아가기에 적합한 환경을 지닌 지구에 떨어지면서 이곳에 생명체가 살기 시작했다면, 지구 생명체는 외계 생명체에서 진화한 셈이에요.

지구 생명체가 우주의 혜성이나 유성진에서 시작됐다는 가설을 '배종 발달설'이라고 해요. 하지만 아직은 미생물이 있는 어떤 소행성이나 혜성도 발견하지 못했어요.

계절이 있는 이유는 지구가 기우뚱하기 때문이에요

지구는 기울어진 채 태양 주위를 공전해요.
1년 가운데 얼마간은 북반구가 동안 태양을 향해 23.5도
기울어져 있고, 나머지 기간에는 남반구가 기울어져 있다는 뜻이에요.

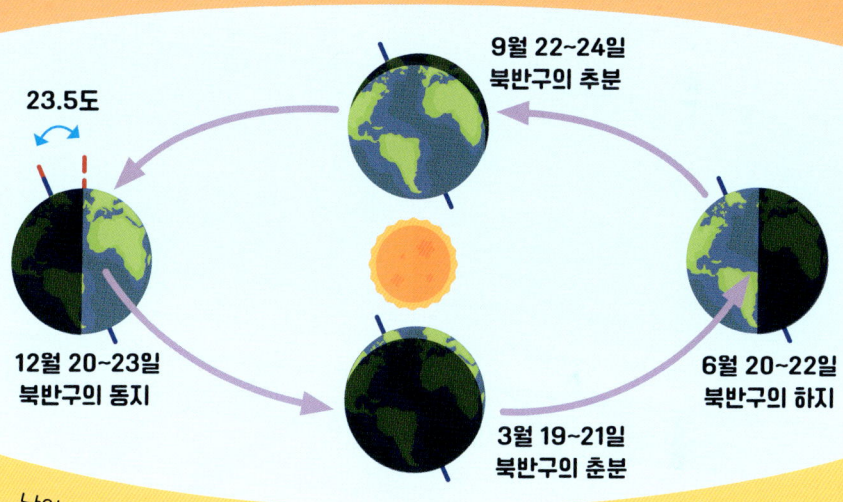

낮이 긴 여름에는 태양에서 더 많은 열과 빛을 받기 때문에 식물이 잘 자라요.

북반구에서 동지는 1년 중 낮이 가장 짧은 날, 하지는 낮이 가장 긴 날이에요. 춘분과 추분은 동지와 하지의 중간 지점으로, 낮과 밤의 길이가 같아요.

파란 하늘이 생기는 이유는?

태양에서 나오는 빛은 하얗지만, 이 흰색 광선에는
일곱 빛깔 무지개 색깔이 섞여 있어요.

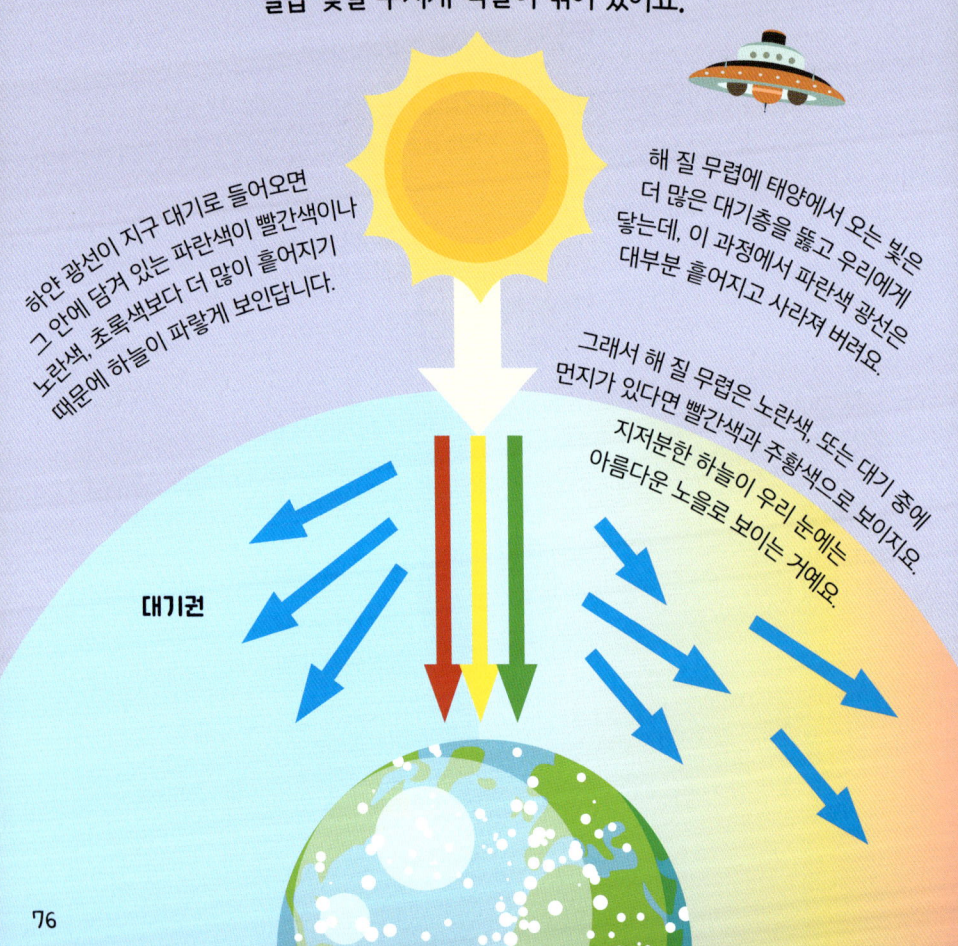

하얀 광선이 지구 대기로 들어오면 그 안에 담겨 있는 파란색이 빨간색이나 노란색, 초록색보다 더 많이 흩어지기 때문에 하늘이 파랗게 보인답니다.

해 질 무렵에 태양에서 오는 빛은 더 많은 대기층을 뚫고 우리에게 닿는데, 이 과정에서 파란색 광선은 대부분 흩어지고 사라져 버려요.

그래서 해 질 무렵은 노란색, 또는 대기 중에 먼지가 있다면 빨간색과 주황색으로 보이지요. 지저분한 하늘이 우리 눈에는 아름다운 노을로 보이는 거예요.

대기권

우주의 복사선이 휴대 전화에 영향을 미쳐요

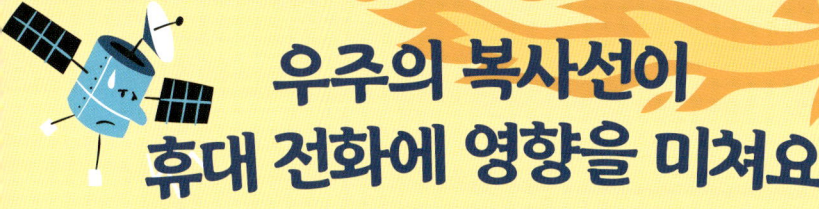

태양은 전자기 복사로 어마어마한 에너지를 분출하는데,
여기에서 우리에게 필요한 빛과 열도 얻지요.
휴대 전화와 컴퓨터를 비롯하여 우리가 쓰는
모든 전자 장치들도 전자기 복사를 이용해 작동해요.

하지만 이따금씩 태양의 활동이
활발해지면 평소보다 많은
전자기 복사를 쏟아 내요.
전자기 복사가 너무 많아져도
전자 제품이 타 버리는 일은
없겠지만, 인공위성 통신을
방해하거나 전력 문제를
일으킬 수 있어요.

지구는 안에서부터 뜨거워져요

지구의 중심부는 섭씨 6,000도 정도로 매우 뜨거워요.
약 46억 년 전, 지구가 만들어질 때부터 있던
열과 방사성 물질이 붕괴되면서 나오는 열 때문이에요.

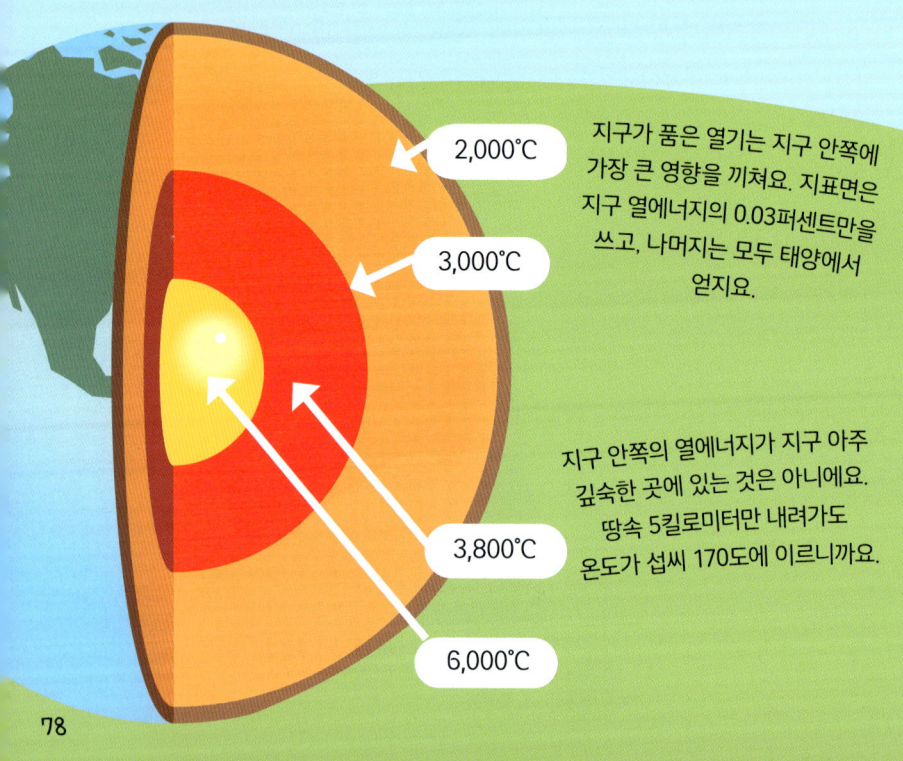

2,000°C

3,000°C

3,800°C

6,000°C

지구가 품은 열기는 지구 안쪽에 가장 큰 영향을 끼쳐요. 지표면은 지구 열에너지의 0.03퍼센트만을 쓰고, 나머지는 모두 태양에서 얻지요.

지구 안쪽의 열에너지가 지구 아주 깊숙한 곳에 있는 것은 아니에요. 땅속 5킬로미터만 내려가도 온도가 섭씨 170도에 이르니까요.

훌륭한 담요이자 방패인 대기권

대기권이 지표면 가까이 열을 가두기 때문에
지구가 일정한 기온을 유지할 수 있어요.

대기권이 없으면 밤에는 열이 지구 밖으로
빠져나가고, 낮에는 너무 뜨겁게 내리쬘 거예요.
대기권이 없다면 우리는 살아 있지 못할걸요!

대기권이 없는 지구는 달과 비슷하게 낮에는
타는 듯이 덥고 밤에는 얼음장처럼 추워져서
기온 차가 섭씨 275도나 될 거예요.

대기권은 지구의 온도를
적정하게 유지할 뿐
아니라 유성도 막아 줘요.
지구로 떨어지는 유성
대부분이 대기권에서
타 버리기 때문이지요.
대기권이 없다면
지구는 달처럼 구멍이
움푹움푹 파일 거예요.

북극과 남극은 하루 종일 캄캄하기도 해요

지구의 자전축은 23.5도 기울어 있어요.
사실 북극과 남극은 지구 꼭대기도 밑바닥도 아니지요.

북극과 남극은 1년 가운데 일정한 기간 동안 언제나
태양을 향해, 또는 태양을 완전히 등지고 기울어 있어요.
북극은 하지인 12월 즈음 햇빛을 전혀 받지 못하고,
남극 역시 남반구의 하지인 6월 즈음 햇빛을 받지 못해요

한쪽에 빛이 없을 때,
다른 쪽은 밤이 없어요!
태양을 향하고 있는
극지는 밤에도 태양빛에서
완전히 벗어나지 못해요.

거대한 눈덩이였던 지구

그다지 놀라운 일은 아니에요.
극단적인 기후 변화는 지구 역사에서 여러 번 일어났어요.

6~7억 년 전에는 지표면 전체가 얼음으로 뒤덮였고, 평균 기온은 섭씨 영하 50도였어요.

초기 생명체들은 혹독한 빙하기를 겪으며 살아남기 위해 진화했어요.

지표면이 온통 하얗게 얼어붙어 햇빛과 태양열을 모두 반사했기 때문에 지구는 다시는 따뜻해질 수 없었어요. 하지만 화산이 태양열을 가두어 버리는 성질을 지니는 이산화탄소를 쏟아 냈고, 지구는 천천히 녹아 다시 따뜻해졌지요.

외계인들이 우리의 존재를 알까요?

외계인들이 가까이 있다면 지난 100년에 걸쳐 지구에서 우주로 새어 나간 전파를 알아챘을지도 몰라요.

지구 가까이 다가왔다면 밤을 밝히는 불빛과 공해를 볼 수도 있었을 거예요.

지구 대기권에 있는 화학 물질을 포착해 생명의 징후를 느꼈을 수도 있지요.

달이나 화성을 탐사해 우리가 버려둔 우주선을 발견했을 수도 있어요.

하지만 100광년 이상 떨어진 외계인들에게는 지구의 전파가 전혀 닿지 않을 거예요.

지구와 태양 궤도를 도는 인공위성과 우주 쓰레기는 인류의 존재를 분명히 드러내는 단서예요.

이미 오래전에, 어쩌면 공룡이 살던 시대나 그 이전에 지구를 보고 실망했는지도 몰라요.

지구의 화학적 구조를 살펴 인류가 화학 물질들을 이리저리 옮겼으며, 엉뚱한 장소에 모아 두었다는 사실을 알아챌 수도 있지요.

액체 상태의 물이 풍부한 지구는 생명체가 살기에 적합해요.

산성비가 100년 동안 내렸어요

꽁꽁 얼어붙었던 지구가 녹으면서 얼음이 물로 변하고
수증기로 증발하자 최악의 날씨로 이어졌어요.

무시무시한 허리케인이 육지를 초토화시켰고,
100미터 높이의 파도가 해안을 강타했어요.
억수 같은 비가 최소한 100년은 퍼부었지요.

녹은 물이 화산에서 나온 이산화탄소와 섞이면서
산성비를 만들었어요. 매우 강한 산성비는 바위를
부식시켰고, 지구의 지질을 변화시켰어요.

지구는 안 되겠어!
날씨가 무시무시해!

지금의 대기권은 세 번째로 만들어진 대기권이에요

오래전, 지구에는 지금과 다른 대기권이 있었어요.
첫 번째 대기는 목성이나 토성처럼 대부분
수소로 이루어져 있었어요.

그 후, 화산에서 분출된
다양한 기체들이
두 번째 대기권이 되었는데,
대부분 질소와 이산화탄소
그리고 물이었어요.

마지막으로, 작은 박테리아가
산소를 뿜어내 다시 한번
대기권을 변화시켰어요.
박테리아는 이산화탄소를
흡수하고 산소를 내보내는데,
지금도 식물이 같은 일을
하고 있지요. 산소는 지금
대기권의 약 5분의 1을
차지하는데, 생명체가 살아가는
데 꼭 필요한 기체예요.

산소는 한때 독이었어요

지금 지구에 사는 모든 동식물은 산소로 호흡하며 살아가요.
하지만 오래전에는 산소가 살아 있는 것 대부분을 죽였어요.

약 35억 년 전에 작은 미생물이
이산화탄소와 물을 원료로
햇빛 에너지를 이용해 산소를
만드는 광합성을 시작했어요.

지금은 식물 대부분이 광합성을 하지만
당시에는 그렇지 않았어요. 게다가 식물이
만들어 내는 산소는 다른 미생물들에게 해로워
미생물 대부분이 죽게 되었지요.

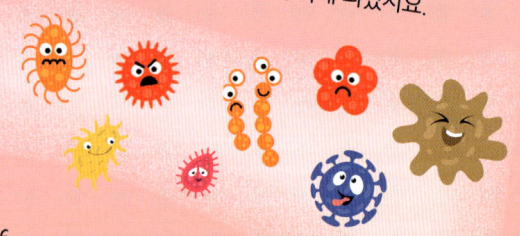

산소를 만든 미생물들이
진화해 초기 식물이
되었어요. 다른 생명체가
등장해 미생물이 만든
산소로 호흡하기
시작했고, 그렇게
지금의 지구가 되었어요.

지구는 거대한 자석이에요

외핵에 담긴 액체 상태의 철이 지구의 자기장을 만들어 내요.
이 자기장 때문에 지구는 거대한 자석과도 같아요.
그 때문에 지리학적 북극점과 남극점이 아닌
자기장의 북극과 남극, 자북극과 자남극이 따로 있지요.

지구 자기장은 우주로 뻗어 나가
태양에서 나오는 입자들에 영향을 주어요.

때때로 지구의 자북극과 자남극 위치가
뒤바뀌는 '지자기 역전'이 일어나 자북극이
지리적 남극 근처에 오기도 해요.

마지막 지자기 역전은 78만 년 전이었고, 많은 과학자들이
지구의 자기장이 또 한 번 뒤바뀔 거라고 예측해요.
하지만 이 현상이 하룻밤 사이에 일어나지는 않으며
아주 오랜 시간에 걸쳐 서서히 일어나지요.

지구는 재활용 전문가

지구에 있는 다양하고 많은 화학 물질들이
여러 가지 방식으로 쓰이고 다시 쓰여요.
그러고 나면 처음 상태로 돌아가 또 재활용되지요.

물의 순환을 생각해 보세요.
바다에서 증발된 물이 구름을 이루고,
구름은 비로 땅에 떨어져요. 그중 일부는
식물과 동물이 쓰고 난 뒤 다시
물로 배출되지요. 땅으로 떨어진
나머지 물은 강으로 흘러들어
다시 바다에 모여요.

오늘 우리가 마시는 물은
한때 공룡이 마셨던 물이에요!

1908년, 하늘이 폭발했어요

러시아 상공에서 일어난 이 폭발을 퉁구스카 대폭발이라고 하는데,
거대한 소행성이 떨어져 일어난 것으로 추정돼요.

1908년 6월 30일에
일어난 폭발로
2,000제곱킬로미터의 숲,
약 8,000만 그루의
나무가 사라졌어요.
다행히 아무도
죽지는 않았지요.

이 폭발로 직경 50~100미터 크기의 불이 났어요.
과학자들에 따르면 초속 15~30킬로미터로 지구 대기권을
지나던 소행성이 폭발하면서 일어난 일이에요.

이런 충돌은
100~200년에
한 번 정도 일어나는
일이에요.

45억 년 만에 행성을 만드는 방법

2 이때 무거운 덩어리들이 태양 가까이 머물며 지구처럼 암석으로 된 행성을 이루었어요.

1 지구를 포함한 행성들은 태양 주위를 빙빙 돌던 먼지와 기체가 덩어리로 엉겨 붙으면서 만들어졌어요.

3 지구는 계속 돌고 돌면서 점점 동그래졌어요. 동시에 지구를 이루는 물질에서 가장 무거운 철 성분이 안쪽으로 가 핵이 되었어요.

4 모든 지구형 행성들은 같은 방식으로 탄생했지만 조금씩 달라졌답니다.

5 그 뒤로 5억 년 동안 지구는 크고 작은 우주 물질들과 계속 충돌했어요.

6 충돌로 인한 충격과 화산 폭발이 계속돼 지구는 바위가 녹아 흘러내릴 정도로 뜨거웠어요.

7 타는 듯이 뜨거웠던 지구가 식기 시작해 바깥에 단단한 껍질인 지각이 만들어졌어요. 물이 고인 지각은 바다가 됐지요.

8 철 성분의 지구 핵은 서서히 굳어 가고 있어요. 고체인 내핵이 25년에 약 2.5센티미터씩 커지고 있지요. 하지만 액체인 외핵이 여전히 2,300킬로미터나 돼요.

맨틀
액체 핵
고체 핵

9 지난 1억 년에 걸쳐 맨틀의 온도가 약 섭씨 20도 낮아졌어요. 이전보다 두 배 정도 빠르게 식고 있는 거예요.

10 지구는 생명체가 살기에 적합한 행성이지만 영원히 그렇지는 않아요. 20~30억 년 뒤에는 태양에 너무 가까워져 엄청 뜨거워질 수 있거든요.

지구에서 가장 가까운 행성은 대개 화성이에요

가끔은 금성이 되기도 하죠.

화성, 금성, 지구는 각각 다른 속도로 태양 주위를 공전해요. 화성과 지구는 4억 킬로미터 떨어진 채 태양을 중심으로 반대쪽에 자리 잡기도 하지요.

화성과 지구가 태양의 한편에 가까이 있을 때도 있어요. 가장 가까울 때면 두 행성 간 거리가 5,600만 킬로미터 정도예요.

금성은 태양에 더 가까운 안쪽 궤도를 돌아요. 지구와 가장 멀 때는 2억 6,100만 킬로미터 떨어져 있지만 두 행성 간 거리는 4,000만 킬로미터까지 가까워지기도 하지요.

지구 안쪽 물질들이 밖으로 뿜어져 나와요

화산이 폭발하면 지구 안쪽의 뜨겁고 끈적끈적하게 녹은 암석이 지표면의 구멍으로 뿜어져 나와요. 땅속에 있을 때는 마그마라고 부르지만, 밖으로 나오면 용암이라고 해요.

용암과 함께 지구 깊숙한 곳에 있던 몹시 뜨거운 물과 기체도 분출돼요. 이렇게 화산을 통해 뿜어져 나온 물질들이 땅 위의 지형과 대기를 만드는 데 큰 역할을 했어요.

마그마

태양계의 다른 행성과 위성에도 화산이 있어요. 어떤 화산은 지구처럼 뜨겁게 녹은 바위를 토해 내고, 또 다른 화산은 물이나 얼음을 뿜어내요.

재활용되는 해양 지각

바다에는 해양 지각을 가로지르는 좁고 긴 골짜기인 열곡이 있어요. 해저 확장설에 따르면, 갈라진 열곡 틈새로 현무암질 마그마가 새어 나와 굳으면 새로운 해양 지각이 만들어져요. 동시에 오래된 해양 지각이 새로운 지각에 밀려 육지 쪽 해안가로 움직여요.

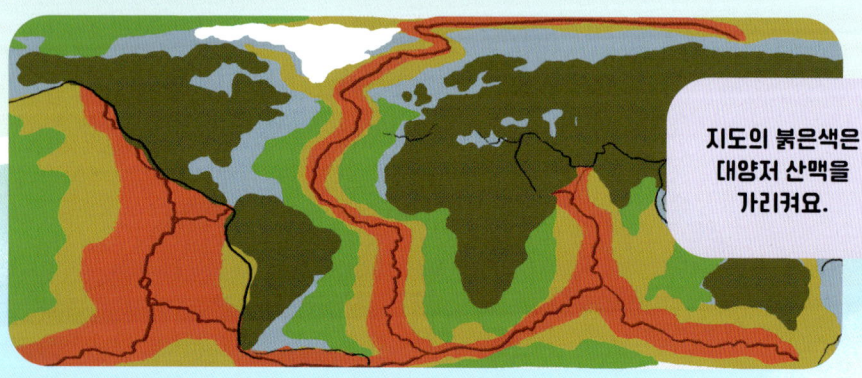

지도의 붉은색은 대양저 산맥을 가리켜요.

바닷가로 밀려난 해양 지각이 식으면서 차츰 가라앉아요. 이때 더 가벼운 암석으로 이루어져 있는 대륙 지각 밑으로 파고들면서 열을 받아 다시 마그마로 돌아가지요. 끊임없이 솟아오르고 가라앉는 탓에 1억 6,000만 년보다 오래된 해저 암석은 거의 없어요.

해저에는 육지와 마찬가지로 산과 계곡이 있어요.

미국과 유럽은 서로 멀어지고 있어요

대서양의 한가운데에 새로운 해양 지각이 올라오면서 대서양은 1년에 약 2.5센티미터씩 넓어지고 있어요.

대서양에 있는 열곡이 유럽과 북미를 가로질러요. 아이슬란드 한가운데를 지나는 이 열곡이 언젠가는 아이슬란드를 반으로 가를 거예요.

한편 대서양 반대편의 태평양은 점점 좁아지고 있어요. 언젠가 아메리카 대륙과 아시아가 너무 가까워져 태평양이 사라질 수도 있지요. 하지만 수억 년 뒤에나 일어날 일이에요.

인도는 한때 섬이었어요

육지는 아주 천천히, 하지만 항상 움직여요. 맨틀 위에 떠 있는 지각 판이 맨틀을 이루는 마그마의 흐름에 따라 함께 움직이기 때문이에요.

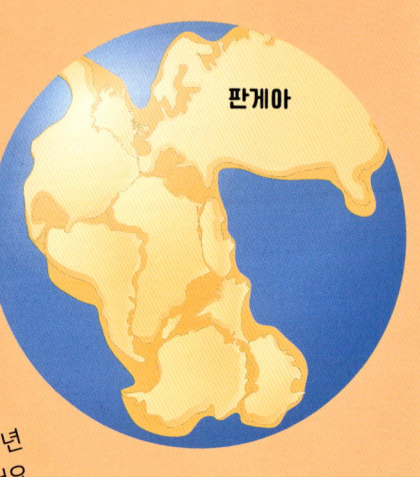

판게아

육지는 수백만 년에 걸쳐 거대한 하나의 대륙으로 모인 다음 다시 나뉘어 떨어져 나가요.

육지가 마지막으로 한 덩어리가 되었던 때는 약 2억 년 전이었어요. 그때의 거대한 대륙을 판게아라고 불러요.

인도는 한때 천천히 북쪽으로 떠가고 있었던 섬이었어요. 아시아 대륙과 부딪혀 합쳐지면서 지구에서 가장 높은 히말라야산맥을 만들어 냈지요.

다른 산맥들도 지각 판들이 부딪히면서 만들어졌어요.

지구의 날씨뿐 아니라 우주의 날씨도 살펴야 해요

우주의 날씨는 태양에서 나오는 물질과
다양한 에너지의 폭발에 따라 달라져요.

GPS나 통신 위성이
우주의 날씨에 영향을
받아 제대로 작동하지
않기도 해요.

우주의 날씨는 집과 학교로
전기를 실어 나르는 전력망에도
영향을 주어요. 또 위성이
궤도에서 조금 벗어나게
만들기도 하지요.

우주의 날씨는 또한 지구의 날씨에도 영향을 주어요.
지구의 날씨는 태양의 상태에 따라 무척 달라지기 때문에
태양에 평소와 다른 일이 일어나면 지구에 있는 우리도
알아챌 수 있지요.

화성이 가까워지고 있어요!

2003년, 화성과 지구의 거리는 5,576만 킬로미터로
6만 년 만에 가장 가까워졌어요.

2287년에는 더 가까워지고,
2729년이면 5,565만
킬로미터까지 가까워질
거예요.

2만 5000년경에는
지구와 단 5,420킬로미터
떨어져 있을 거예요.

하지만 화성이 서서히 움직여
지구에 부딪히는 일은 없을 거예요.
다른 행성들이 그러듯 화성도
수천 년 또는 수백만 년을 주기로
궤도를 달리하며 태양 주변을
춤추듯 돌고 있을 뿐이지요.

앞으로 2만 5,000년 뒤에 화성은
다시 조금씩 멀어질 거예요.

우주로 1만 킬로미터 뻗어 있는 지구의 대기권

하지만 우주에서 보면 지구의 대기권은 아주 얇은 층일 뿐이에요.

외기권
약 500~1만 킬로미터 사이

외기권은 가장 바깥층으로 9,330킬로미터 너머까지 이어져요. 외기권에는 기체는 매우 희박해서 대기권처럼 작용하지는 않지만, 여전히 지구 중력의 영향을 받아요. 달과 수성에도 외기권이 있지만, 그 아래에 지구와 같은 대기권은 없어요.

열권
약 80~1,000킬로미터 사이

중간권
약 50~80킬로미터 사이

성층권
약 12~50킬로미터 사이

대류권
지표면~약 12킬로미터 사이

우리는 대류권에 살아요. 높이는 극지방에서 약 8킬로미터, 적도에서는 약 15킬로미터예요. 대기권의 거의 모든 물이 기체와 비와 구름의 형태로 가장 아래층인 대류권에 머물러요.

지구는 가장자리가 가장 추워요

지구 중심부는 고온의 마그마 때문에 타는 듯이 뜨거운데 반해 지각은 살기에 쾌적한 온도예요. 하지만 위로 올라갈수록 기온은 가파르게 떨어진답니다.

한참 비행 중인 비행기의 외부 온도는 약 섭씨 영하 51도예요.

지상에서 측정한 지구의 평균 기온은 섭씨 14도지만 기온 변화의 폭이 커요.

역사상 최고 기온은 미국 데스밸리에서 기록된 섭씨 56.7도, 최저 기온은 남극 대륙에 있는 보스토크 기지에서 측정된 섭씨 영하 89.2도예요.

산에서 발견된 물고기 화석

지각 판이 움직여 지각 판의 가장자리가
서로 부딪히고 밀리면서 솟아올라 산이 만들어져요.

높은 산맥 꼭대기에서
물고기 화석이 발견되기도 해요.
바닷속에 자리 잡고 있던
지각 판의 가장자리가 솟아올라
산맥을 이루었기 때문이에요.

가장 오래된 화석도 바닷속
암석보다 훨씬 오래된 육지 위
암석에서 발견돼요. 지구에서
가장 오래된 암석은 40억 년
정도로, 지구와 나이가 비슷해요.
하지만 가장 오래된 화석은
35억 년 전 것이지요.

지구는 생명체가 사는 유일한 행성?

티라노사우루스

도도새

태양계의 다른 행성이나 위성에는 작은 미생물을 제외한 생명체가 살 가능성이 크지 않아요.

지구에는 더 많은 생물 종이 살았지만 그 가운데 99퍼센트 이상이 멸종했어요.

화학 물질들이 반응을 일으켜 생명체가 처음 만들어지기까지 2억 5,000만~5억 년이 걸렸어요.

하지만 조금 더 큰 생명체들이 나타나기까지 다시 35억 년이 걸렸지요.

지구에는 약 870만 종이나 되는 생물 종이 살아요.

최초의 생명체는
바다나 웅덩이 같은 물속에서
시작되었을 거예요.

생물들이 육지로 옮겨 오기
전까지 지구에는 흙이 없었어요.
흙은 식물과 동물이 죽어
분해되면서 만들어지지요.

생명체는 지구처럼
살아가기에 적절한
조건을 가진 곳이라면
어디든 나타날 수 있어요.

거의 5억 년 전까지는
모든 생물 종이
물속에 살았어요.

우리와 같은 인류는
겨우 20만 년 전에
나타났어요.

3. 달로 떠나는 여행

어마어마한 충돌로 만들어진 달

달은 45억 년 전에 작은 행성이나 커다란
소행성이 지구에 부딪히면서 만들어졌다고 해요.
지구가 만들어지고 1억 년이 지난 뒤였지요.

지구와 달은 똑같은 물질로 이루어져 있어요. 달이 지구에서 떨어져 나왔거나 지구와 달이 같은 물질로부터 만들어진 거예요.

이 가설에 따르면 테이아라는 작은 행성이 지구와 충돌하면서 커다란 덩어리가 부서져 나가 달이 되었어요.

또는 지구와 다른 행성이 크게 충돌하면서 증발한 행성과 지구의 일부가 식으면서 뭉쳐 달이 되었을지도 몰라요.

달은 크고 뚱뚱해요

지구 주위를 도는 달은 지구형 행성의 위성 중에서 가장 커요. 수성과 금성에는 위성이 없고, 화성의 두 위성은 지구의 달보다 아주 작아요.

지구의 달보다 큰 위성은 4개밖에 없어요. 그중 3개는 목성에, 1개는 토성에 속한답니다.

위성	행성	평균 지름
가니메데	목성	5,268킬로미터
타이탄	토성	5,150킬로미터
칼리스토	목성	4,821킬로미터
이오	목성	3,643킬로미터
달	지구	3,476킬로미터

왜행성인 명왕성은 자신의 크기에 비해 큰 위성을 가지고 있어요. 이 위성의 질량은 명왕성의 약 12퍼센트에 달해요.

위성의 질량

거대 가스 행성과 거대 얼음 행성에는 많은 위성이 있지만, 모두 합쳐도 모행성 질량의 0.1퍼센트가 되지 않아요. 반면 지구의 달은 그 자체로만 지구 질량의 약 1퍼센트에 해당하지요.

크레이터들이 패어 있어요

우주 암석과 충돌해 생긴 크레이터들이 패어 있어요

1609년, 이탈리아 과학자 갈릴레오는 망원경으로 달을 관찰하다 달 표면에서 울퉁불퉁한 지형을 발견했어요. 후에 독일의 천문학자 슈뢰터가 달에 있는 이 구덩이를 크레이터라고 이름 붙였지요.

크레이터에는 각각 로버트, 가스통, 이사벨 같은 이름이 붙여졌어요.

수십억 년 동안 우주에서 온갖 암석들이 달로 쏟아져 내렸고, 지금도 계속되고 있어요.

달에 있는 대부분의 크레이터는 30~40억 년 전에 만들어졌어요.

크레이터는 한가운데가 움푹 파여 있고 벽이 둘러져 있어요.

달에는 비바람이 치지 않기 때문에 크레이터는 처음 만들어진 모습 그대로 변하지 않아요.

2013년, 무게가 40킬로미터인 암석이 시속 9만 킬로미터로 달에 돌진해 지름이 약 20미터인 크레이터를 남겼어요. 이 충돌로 생긴 폭발은 지구에서 망원경 없이도 보일 정도로 밝았어요.

우주에서 날아온 암석이 달과 부딪히면 폭발이 일어나는데, 일부는 충돌할 때 발생하는 강한 열에 녹아요.

작은 크레이터는 현미경으로 봐야 할 정도로 작아요. 이런 크레이터는 달에서 지구로 가져온 암석 표본으로 발견되었지요.

사람들은 한때 달이 완벽하게 매끈한 구체라고 생각했어요. 하늘에 불완전한 것이 있으리라고 생각하지 않았거든요.

크레이터 바깥쪽에는 부서진 암석과 녹은 암석이 식으면서 만들어진 유리 조각들이 흩어져 있어요.

달에는 높은 곳과 낮은 곳이 있어요

달에도 높은 곳과 낮은 곳이 있어서
우리 눈에 어둡고 밝은 무늬로 보여요.

달에서 높은 곳은 우리 눈에 밝게 보이고,
철 성분이 많은 낮은 곳은 어둡게 보여요.

높은 곳의 암석은
낮은 곳을 이루는 짙은 암석보다
훨씬 오래전에 만들어졌어요.

육지와 바다?

낮은 곳은 평평한 곳으로
'바다(maria)'라고, 높은 곳은
'대륙(terrae)'으로 불려요.
17세기에 천문학자 요하네스 케플러는
이곳들이 정말로 바다와 육지라고
생각하고 이름을 붙였답니다.

달 착륙지는 세계 문화유산인가요?

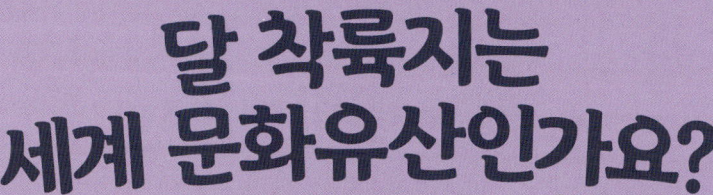

어떤 사람들은 지구에서 보존할 가치가 있는 유적을 세계 문화유산으로 지정하듯 인류의 달 탐사 흔적 역시 보존해야 한다고 주장해요.

미국이 아폴로호의 착륙지를 국립 공원으로 지정해 보존하려고 했지만, '어떤 국가도 영유권을 주장할 수 없다'는 우주 협약에 어긋나기 때문에 실행하지는 못했어요.

나사는 새로운 달 탐사선이 이전 착륙지를 훼손하지 않게 멀리 떨어져 착륙하라고 권고해요.

달에 찍힌 인간의 발자국은 수백만 년이 지나도 남아 있어요

달에는 대기가 거의 없고, 비나 바람 같은 기상 현상도 없어서 흔적이 지워지지 않아요.

달 표면은 지표면의 물질처럼 순환되지 않아요. 아무것도 변하지 않기 때문이에요.

그래서 인류가 남긴 발자국이나 탐사선의 바퀴 자국도 그대로 남아요.

인류가 남긴 흔적은 소행성이나 운석이 충돌해 훼손되거나 가려지지 않는 한 수백만 년, 또는 달이 존재하는 내내 남아 있을 거예요.

먼지투성이 달

달은 작은 돌가루와 모래가 섞인 표토로 덮여 있어요.

표토는 소행성과 운석이 반복적으로 충돌하면서 먼지처럼 작게 부서진 암석이나 작은 돌이에요. 여기에는 녹은 암석이 빠르게 식으면서 생긴 유리 같은 광물 조각도 섞여 있어요.

아폴로호가 발자국과 흔적을 남길 수 있었던 이유도 달 표면이 모래 같은 층으로 덮여 있었기 때문이에요. 달 표면이 단단한 암석이었다면 아무런 자국도 남기지 못했을 거예요.

낮은 곳에 쌓인 표토는 2미터 정도이지만 높은 곳에서는 20미터에 이르기도 해요.

처음 달에 간 우주선은
불시착했어요

일부러 말이에요! 1959년 9월 13일, 옛 소련의 달 탐사선 루나 2호는 의도적으로 달 표면에 충돌했어요. 지구에서 발사되어 다른 천체에 도달한 최초의 인공물이었지요.

루나 1호는 달을 지나치는 바람에 착륙에 실패하고, 지금도 태양 궤도를 돌고 있어요.

달에 가까워진 루나 2호는 증기 구름을 뿜어 직경 650킬로미터까지 퍼뜨렸어요. 지구에 있는 과학자들은 망원경으로 이 구름을 관찰해 탐사선의 진행 과정을 알아차렸어요.

루나 2호는 오각형으로 된 티타늄 판을 붙여 만든 공 2개를 싣고 갔어요. 이 공은 루나 2호의 발사 과정에서 분리돼 달 표면 곳곳에 뿌려질 예정이었지만 충돌로 인해 증발된 것으로 보여요.

언제나 달의 같은 면만 보여요

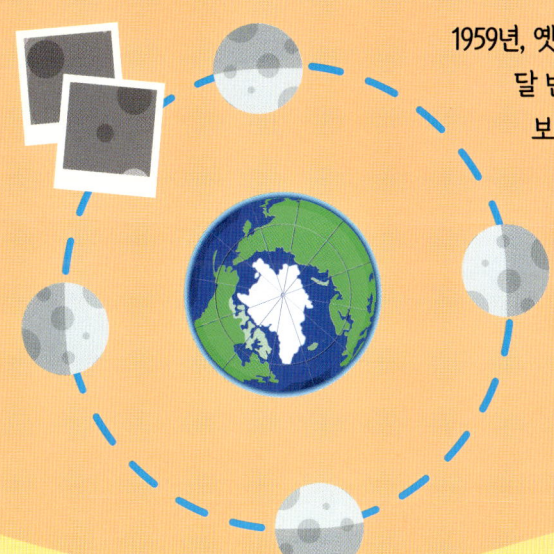

1959년, 옛 소련이 발사한 루나 3호가 달 반대편으로 날아가 사진을 보내기 전까지는 아무도 달의 반대편을 보지 못했어요.

달은 스스로 한 바퀴를 도는 동안 지구 주위를 한 바퀴 돌아요. 자전 주기와 공전 주기가 같은 거예요. 그래서 지구에서는 언제나 달의 같은 면만 보이지요.

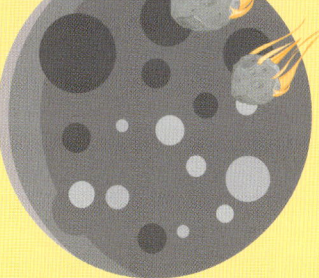

달의 반대편에는 우리가 늘 보는 면보다 훨씬 두껍고 오래된 지각과 더 많은 크레이터가 있어요. 우리가 보는 면의 더 얇은 지각에는 운석과 소행성이 충돌해 녹으면서 새로운 지각이 만들어졌지만 우주에서 온 암석도 달 반대편의 두꺼운 지각은 뚫을 수 없답니다.

달의 바다는 우리가 볼 수 있는 면에 있어요

달의 앞면은 약 3분의 1이 바다로 뒤덮여 있지만, 반대편에는 바다가 단 몇 퍼센트에 불과해요.

뜨거웠던 바다!

달의 바다에 물이 고인 적은 없어요. 화산에서 흘러나온 뜨거운 용암이 식으면서 평평하게 굳어 만들어진 지형이지요. 일부는 소행성이 충돌하며 생긴 구멍으로 안쪽의 용암이 흘러나오면서 만들어졌어요.

우주를 여행한 씨앗에서 자라는 '달 나무'

아폴로 14호는 테다소나무, 플라타너스, 소합향, 삼나무, 미송 등의 나무 씨앗 500개를 싣고 달 주위를 돌았어요. 하지만 달에 착륙하지는 않았어요.

가지치기나 달 나무가 맺은 씨앗으로 얻은 2세대 달 나무도 미국, 영국, 이탈리아, 스위스에서 자라고 있어요.

아폴로 14호가 지구로 돌아온 뒤 그 씨앗들을 '달 나무'라는 이름으로 심었고, 거의 모든 씨앗이 싹을 틔워 나무로 자랐어요. 대부분은 미국에서 자라고 있지만, 일부는 일본과 브라질, 스위스에도 있어요.

달을 가지고 돌아왔어요

우주 비행사들이 여섯 차례의 아폴로 임무에서 총 무게 382킬로그램에 달하는 2,196개의 달의 암석과 흙 표본을 가져왔어요. 가장 큰 덩어리는 무려 11.7킬로그램이었지만, 중력이 작은 달에서는 단 1.95킬로그램에 불과했어요.

나사는 이 표본을 텍사스 휴스턴에 있는 존슨 우주 센터에 보관하며 매년 약 400점의 표본을 달을 연구하는 과학자들에게 보내 주기도 해요.

또 다른 달이 있었을지도 몰라요

2011년, 몇몇 과학자들은 지구에 달이 두 개 있었다는 가설을 내놓았어요.

두 번째 달은 직경 1,270킬로미터로, 크기는 지금 달의 3분의 1 정도였을 거라고 해요.

약 7,000만 년 정도 떠 있던 두 번째 달은 초속 2~3킬로미터로 지금 달에 충돌한 걸로 보여요.

작은 달은 큰 달에 크레이터를 남기는 대신 달의 한쪽 면에 완전히 뭉개져 버린 것 같아요.

그래서 달 뒷면의 지각이 지금 우리가 보는 달의 앞면보다 두꺼운 걸지도 몰라요.

달에 가면 다이어트 성공

달의 중력은 지구 중력의 6분의 1이에요.
지구에서 몸무게가 82킬로그램인 우주 비행사는
달에 가면 겨우 14킬로그램이 된답니다.

중력이 약하면 지구에 있을 때보다 훨씬 높이
뛰어오를 수 있어요. 하지만 쉽게 넘어지기도 하지요.
인간의 신체는 적어도 지구 중력의 15퍼센트는 있어야
위아래를 구분하고 감지할 수 있는데,
달의 중력은 그 기준을 가까스로 넘기 때문이에요.

달에서는 모든 물질의
무게가 작아져요.
지구에서라면 너무
무거워서 들지 못했을
물건들도 달에서는 번쩍
들어 올릴 수 있지요.

달에서 어떤 그림이 보이나요?

사람들은 언제나 보름달에서 그림을 발견해 왔어요. 하지만 모두 같은 그림은 아니에요.

사람에 따라 막대를 지고 있는 사람, 등을 든 노인, 예쁜 머리와 장신구를 한 여자를 보기도 해요.

항상 사람만 보이는 것도 아니에요. 중국과 일본, 한국에서는 절구에 약이나 떡을 찧고 있는 토끼가 보인다고 말해요. 다른 문화권에서는 버팔로, 무스, 개구리, 두꺼비 또는 용을 보기도 하지요.

달에는 월진이 일어나요

아폴로호의 우주 비행사들이 달에 지진계를 설치했는데, 달에서도 지진이 일어나요. 달의 지진을 월진이라고 해요.

지진계가 지구로 보낸 기록에 따르면 1969년부터 1977년 사이에 네 종류의 월진이 28번 일어났어요.

지구에서 일어나는 지진은 대개 몇 초 만에, 가장 긴 지진도 2분이면 끝나요. 하지만 월진은 10분 동안 이어지기도 해요.

달에 우주 정거장을 만든다면, 월진으로 무너지지 않게 유연한 물질로 만들어야 할 거예요.

달에 발을 디딘 사람은 12명밖에 없어요

하지만 달의 뒷면을 본 사람은 24명이에요. 우주 비행사 12명이 달에 착륙하는 사이 또 다른 우주 비행사 12명이 달에 착륙하지 않은 채 달 주위를 돌기만 했기 때문이지요.

우주 비행사들이 달에 착륙하는 동안에는 언제나 달의 궤도에 남아 있을 사람이 필요했어요. 달 탐사 초기에는 착륙선이 아예 없었지요.

우주 비행사 6명은 달 표면에서 월면차를 탔어요. 한 번 이상 달에 내려선 사람은 없답니다.

달에 발을 디딘 12명 모두 미국 국적의 백인 남성이었어요.

숫자로 알아보는 달

달은 초속 약 1킬로미터, 시속 약 3,600킬로미터로 공전해요.

달 주위를 한 바퀴 도는 거리는 뉴욕에서 런던까지 비행하는 거리와 같아요.

달의 부피는 지구의 2퍼센트에 불과해요.

2,200년 전, 그리스 수학자 아리스타르코스가 처음으로 달의 크기를 계산해 달의 지름이 지구의 절반이라고 밝혔어요. 실제 달의 지름은 지구의 4분의 1이라 답은 틀렸지만, 계산법은 맞았다고 해요!

지구 / **달** / **명왕성**

달은 왜행성인 명왕성보다 커요. 명왕성은 직경 2,370킬로미터로 달의 3분의 2 크기예요.

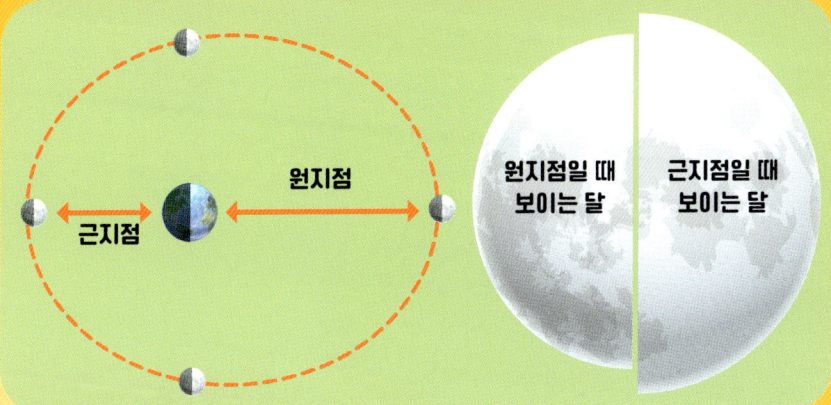

지구를 도는 달의 궤도는 완벽한 원이 아니에요. 가장 가까울 때(근지점) 달은 지구에서 36만 3,300킬로미터 떨어져 있고 가장 멀 때(원지점)는 40만 5,500킬로미터 떨어져 있어요.

달이 지구에 가까울수록 더 커 보여요. 가장 큰 보름달은 가장 작았을 때보다 14퍼센트 더 크고, 30퍼센트 밝지요. 달이 지구에 가장 가까워질 때 보이는 가장 큰 보름달을 슈퍼문이라고 해요.

아주 얇은 달의 대기권은 헬륨, 아르곤, 네온, 암모니아, 메테인, 이산화탄소 등으로 이루어져 있어요. 반면에 지구의 대기권은 대부분 질소와 산소로 구성되어 있으며, 다른 물질들은 극소량만 포함되어 있어요.

달은 매년 지구에서 약 3.8센티미터씩 멀어져요.

달에 처음으로 꽂힌 깃발은 쓰러졌어요

1969년, 최초로 달에 착륙한 우주 비행사인 닐 암스트롱과 버즈 올드린은 달 표면에 미국 국기를 꽂았어요.

달에는 바람이 불지 않아 깃발이 펄럭이지 않아요. 그래서 깃발이 처지지 않게 깃발에 가로 깃대를 넣었지요.

그런데 우주선이 떠나면서 강한 바람을 일으키는 바람에 인류 최초의 달 착륙을 기리는 영광스러운 깃발은 결국 쓰러졌어요.

초대형 여객기로 달까지 간다면?

평균 시속 965킬로미터로 날아가는 보잉 747기를 타고 38만 4,000킬로미터 떨어진 달까지 가려면 17일이 걸릴 거예요. 자동차를 타고 시속 80킬로미터로 달려간다면 200일, 거의 7개월이 걸리겠지요.

달로 향하는 로켓은 직선 경로를 따라 곧장 가지 않아요.

대신 지구와 달을 부분적으로 혹은 완전히 돌아서 날아간답니다.

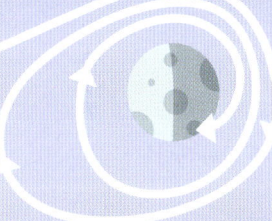

아폴로호 우주선들은 달에 도달하는 데 3~4일밖에 걸리지 않았어요.

달에는 어마어마한 화산 폭발이 있었어요

달의 화산은 한때 타는 듯이 뜨거운
반액체 상태의 암석을 뿜어낸 적이 있어요.

막대한 양의 용암이 흘러나와 식으면서 굳어
거대하고 평탄한 바다가 만들어졌어요.

달에 있는 큰 화산들은 최근
10억 년 정도는 폭발하지 않은
걸로 보여요. 하지만 그보다 작은
화산들은 1,800만 년 전까지도
폭발했을 것으로 추정되고,
언젠가 다시 폭발할지도 몰라요.

달과 태양은 하늘에서 똑같은 크기로 보여요

달은 지름 3,474킬로미터, 태양은 지름 140만 킬로미터로 태양의 지름이 달보다 400배 더 커요.

하지만 달은 지구에서 38만 4,400킬로미터 떨어져 있고, 태양은 그보다 390배 멀어요. 이렇게 달이 태양보다 훨씬 가깝기 때문에 우리 눈에 크기가 같아 보이고, 달이 태양을 완전히 가리는 일식 현상도 일어나지요!

달과 태양의 크기가 같기 때문에 일식이 일어날 때면 달이 태양을 전부 가리고 지구는 어두워져요.

골프공은 달에서 멀리멀리 날아가요

1971년, 아폴로 14호의 우주 비행사 앨런 셰퍼드는 골프 신기록을 남기고 싶어 골프공 2개와 임시방편으로 만든 골프채를 달에 가져갔어요.

셰퍼드는 달의 암석을 채집하는 장비에 골프채의 헤드를 고정시킨 뒤 양말을 씌웠어요. 아무도 모르게 우주선에 싣기 위해서였지요.

그렇게 달에서 날린 첫 번째 샷은 실망스러웠지만, 두 번째는 183미터 넘게 날아갔답니다. 달은 중력이 약하고 공기가 없는 덕분이었지요.

그 골프공 2개는 아직 달에 있어요.

달의 중력이 조수를 만들어요

밀물일 때면 바닷물이 더 높이 차오르고, 썰물 때는 바닷물이 빠져나가 수위가 낮아져요. 달의 중력이 바닷물을 끌어당기기 때문이에요!

지구가 자전하면서 달에 가까운 쪽의 바닷물이 달을 향해 차올라요. 달과 정반대인 지역의 바닷물도 함께 차오르지요.

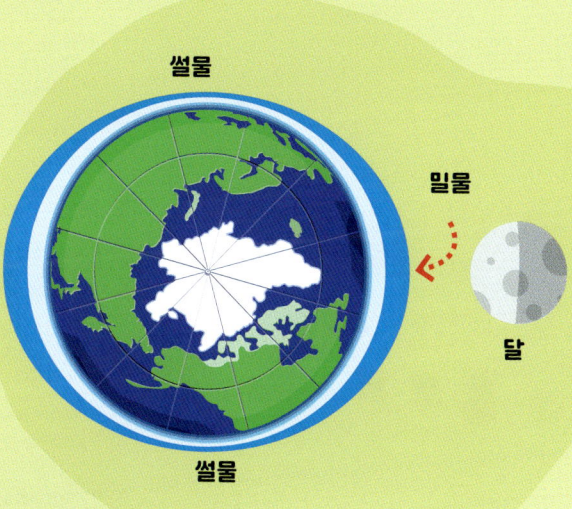

바닷가마다 매일 두 번씩 밀물이 찾아와요. 한 번은 달에 가장 가까울 때이고, 다른 한 번은 달과 가장 멀 때예요.

레이저 광선을 쏘아 달까지의 거리를 재요

반사경

달 표면에는 유리 프리즘으로 만들어진 레이저 광선 반사경이 5개 있어요. 나사와 옛 소련이 달을 탐사하며 남겨 둔 장치들이지요.

설치 지점

레이저 광선 반사경 장치

과학자들은 달에 있는 반사경으로 레이저 광선을 쏜 뒤 지구로 되돌아오는 시간을 측정해요. 이 시간으로 반사경이 정확히 얼마나 멀리 떨어져 있는지 알 수 있고, 따라서 달까지의 거리도 계산할 수 있답니다.

달은 진짜로 빛나지는 않아요

달은 스스로 빛나지 못하기 때문에
햇빛을 받을 때만 반짝이며
햇빛을 받지 못하는 부분은 어두워요.

햇빛이 달을 정면으로 비출 때면 우리 눈에는 보름달로 보여요.

햇빛 →

달에서 햇빛이 비추지 않는 면은 어둡고,
우리는 햇빛이 비추는 면만 볼 수 있어요.

달은 지구 주위를 공전하기 때문에 모양이 계속 변하는 것처럼 보여요. 태양이 달 뒤로 숨어 달이 거의 보이지 않는 삭부터 가느다란 초승달을 지나 꽉 찬 보름달이 되었다가 조금씩 다시 기울지요.

1972년, 마지막 달 탐사가 이루어졌어요

마지막으로 달에 착륙한 유인 우주선은 나사의 아폴로 17호예요.

마지막으로 달을 떠난 사람은 유진 서넌이에요. 1972년 12월 14일의 일이지요.

인간의 달 착륙은 모두 1969년에서 1972년 사이에 일어났어요.

달토끼

2013년 12월, 중국의 창어 3호는 탐사 로봇 위투(옥토끼)를 싣고 달에 갔어요. 위투는 달에서 31개월 동안 살아남아 가장 오랫동안 작동한 탐사선이에요.

달에서는 낮이 2주나 이어져요

천체가 자전하는 데 걸리는 시간을 하루라고 해요. 지구의 하루는 24시간이지요. 달은 자전하는 데 지구의 시간으로 27.3일이 걸리는데, 이 시간이 달의 하루예요.

달에도 낮과 밤이 있어요. 달의 하루 가운데 절반인 2주는 낮이고, 나머지 절반은 밤이지요. 달은 낮 동안 계속 뜨거워지고 밤 동안 계속 차가워지기 때문에 온도가 극단적으로 높아지거나 낮아져요.

지구는 365일 동안 태양 주위를 한 번 도는데, 이 시간이 1년이에요. 달의 1년은 지구를 한 바퀴 도는 데 걸리는 29일로, 달의 하루보다 약간 더 길어요.

달에서 최초로 먹은 신성한 음식

아폴로 11호의 우주 비행사 버즈 올드린은
성찬용 포도주와 빵을 달로 가져가 성찬식을 했어요.

나사는 불필요하게 종교와 관련된 분쟁을 일으키지 않으려고 올드린 혼자 우주선 안에서 조용히 성찬식을 거행하게 했는데, 이로 인해 올드린이 성찬식을 비밀리에 했다는 소문이 퍼졌지요.

달에서는 중력이 약한 탓에 성찬용 포도주가 잔의 옆면을 타고 올라왔어요.

달에도 물이 있어요

모두 달이 바싹 말라 있다고 하지만
물은 생각보다 흔해요.

달에는 화산암이 널리 퍼져 있는데,
과학자들은 이 화산암으로 만들어진
유리구슬을 관찰하다 그 안에 아주 적지만
물이 들어 있다는 사실을 발견했어요.

달의 암석 속에 갇힌 물은 발견하기 쉽지 않지만 달의 땅속 깊이 내려가면 달 표면을 수심 90센티미터의 바다로 만들기에 충분한 물이 있을지도 몰라요.

달의 남극에 있는 깊은 크레이터에서는 얼음이 발견되기도 했어요. 햇빛이 닿지 않아 얼음이 수십억 년 동안 녹지 않을 수 있었지요.

달에 뿌려진 천문학자의 유해

미국의 천문학자 유진 슈메이커는 늘 우주 비행사가 되고 싶어 했지만 몸이 아파 꿈을 이룰 수 없었어요. 그렇지만 슈메이커는 달에 묻힌 유일한 사람이 되었지요. 1999년 7월 31일에 달 남극과 충돌하는 임무를 수행한 달 탐사선 루나 프로스펙터에 그의 유해가 실렸거든요.

유진 슈메이커

1928년 4월 28일 출생

1997년 7월 18일 사망

슈메이커의 유해가 모두 달로 보내진 것은 아니에요. 황동 박으로 감싼 뒤 이름과 생몰년을 새긴 특수한 캡슐에 유골 28그램을 담아 우주로 보냈지요.

달에는 아주 약간의 대기가 있어요

대기권은 행성이나 위성을 둘러싸고 있는 대기의 층이에요.
달에는 매우 옅은 대기권이 있어요.

지구의 대기권과 달의 대기권을 각각 한 병씩 모아 비교한다면 지구의 대기를 담은 병에 대기 물질의 분자가 10조 배는 더 많이 담겨 있을 거예요.

지구

달

만약 달의 대기권이 훨씬 두껍다고 해도, 우리는 달에서 숨 쉴 수 없어요. 지구의 대기권을 구성하는 기체와는 성분이 다르기 때문이지요.

잉카인들은 표범이 달을 먹었다고 생각했어요

지구가 태양과 달 사이에 들어가 일직선 상에 놓이면 지구의 그림자가 보름달에 드리워져 월식이 일어나고 달이 붉게 보여요.

남아메리카의 잉카인들은 개기 월식을 표범이 달을 먹고 있다는 신호라고 믿었어요. 또, 표범이 달을 먹은 후에 지구의 동물들을 모두 잡아먹을지도 모른다고 생각했지요. 그래서 창을 들고 달을 향해 소리쳐 표범을 겁주려고 했답니다.

월식을 본 고대 이집트인들은 암퇘지가 달을 삼켰다고 여겼고, 고대 중국인들은 다리가 셋인 두꺼비를 탓했어요.

달의 하늘은 낮에도 까매요

지구의 하늘은 밤에 까맣고 낮에는 파랗지요.

지구의 대기가 햇빛을 분산시키기 때문에 하늘이 파랗게 보여요. 하지만 달은 햇빛을 분산시킬 대기가 희박하기 때문에 달의 하늘은 낮에도 밤에도 까만색이에요.

달에서 밤하늘을 보면 지구의 밤하늘과 비교할 수 없을 정도로 별이 가득해요. 빛 공해도 대기권도 없어서 별이 수정처럼 맑게 반짝이지요.

달에서 찍은 사진에는 대개 별이 보이지 않아요. 우주 비행사들이 낮에 착륙한 데다 달의 낮이 2주나 계속되기 때문이에요. 별이 보이기에는 태양이 너무 밝았겠지요.

달이 낮에도 떠 있어요

지구 한 곳에서 보면 달은 하루에 한 번씩 뜨고 지며,
약 12시간 동안 지평선 위에 떠 있어요.

사람들은 밤에만 달을 볼 수 있다고 생각해요.
하지만 달은 지구 어딘가의 하늘에 늘 떠 있고,
낮에도 종종 볼 수 있어요.

달이 항상 밤에만 뜨는 건 아니에요.
일몰 전에 뜨거나 일출 후에 지기도 하지요.
그럴 때면 강한 햇빛에 가려져 보이지 않아요.

태양과 정반대 방향에 있을 때 나타나는 보름달은 밤에만 볼 수 있어요.

달에 있는 예술 작품

벨기에 조각가 뽈 바네이동이 만든
〈쓰러진 우주 비행사〉라는 조각상이 있어요.

가벼운 금속 소재로
만들어진 높이 8.5센티미터의
인간 조각상이에요.

고인이 된 미국과 옛
소련의 우주 비행사
14명을 기리는
조각상이에요. 이름을
새긴 명판도 있지요.

찰스 베셋
파벨 벨리야예프
로저 채피
게오르기 도브로볼스키
시어도어 프리먼
유리 가가린
에드워드 기븐스
버질 그리섬
블라디미르 코마로프
빅토르 파차예프
엘리엇 시
블라디슬라프 볼코프
에드워즈 화이트
클리프턴 윌리엄스

아폴로 15호에 승선한
데이비드 스콧이 조각상을
달에 몰래 가져갔는데,
조각상을 두고 온 뒤에야
나사에 알렸어요.

이후에 나사는
조각가에서 의뢰해
만든 복제품을
미국 국립 항공 우주
박물관에 전시했어요.

지구에도
달의 조각이 있어요

운석은 우주에서 지구로 떨어진 바위예요.

지구로 떨어진 많은 운석들이 달에서 왔답니다.

달 운석은 소행성이 달 표면에 충돌하면서 달에서 떨어져 나온 암석 덩어리예요.

유성은 대개 지구 대기권을 지나면서 대기와 마찰을 일으켜 불타는데, 이것이 별똥별이에요.

달에도 화석이 있나요?

어쩌면 지구의 화석이 달에 있을 수도 있어요.

달에는 생명체가 없었지만, 지구의 초기 생명체 화석이 달에 있을지도 몰라요. 지구에 달 운석이 날아들 듯 달에도 소행성과 부딪혀 우주로 흩어진 지구의 운석이 날아갔을 거예요. 그 운석에 지구의 화석이 담겨 있었을 수도 있지요.

과학자들은 달로 간 지구 운석 속 화석이 온전히 보존되었을지 알아보기 위해 화석이 들어 있는 암석을 갈아서 얼려 가짜 운석을 만들어 보기도 했어요.

그러니 달에서 화석을 발견한다 해도 그렇게 놀랄 일은 아니에요. 지구에서 보낸 화석일지 모르니까요.

쾌적한 달 기지를 지으려면?

달 기지는 다른 우주여행이나 연구용
우주 정거장으로 가는 거점으로 쓰일 수도 있어요.
그러려면 아주 특별하게 지어져야 하지요.

달은 기온이 낮에는 섭씨 127도까지
오르고 밤에는 섭씨 영하 173도까지
떨어지기도 해요. 그런 곳에서
지내려면 단열과 냉난방이
잘 갖추어져 있어야겠지요.

공기가 희박한 달에 지어지는
달 기지는 공기가 새어 나가지
않게 완전히 밀폐되는 동시에
공기를 계속 순환시킬 수
있어야 해요.

달에 간 개척자들이
암석 속에 갇혀 있거나
얼음으로 얼어 있는 물을
추출할 수 있을지도 몰라요.

어쩌다 한 번 뜨는 파란 달

'원스 인 어 블루문(Once in a blue moon)'이라는 표현은 '극히 드물게'라는 뜻이에요. 여기에서 '블루문'은 한 달에 두 번째로 뜨는 보름달을 말하지요. 보름달이 뜨고 다음 보름달이 뜨기까지는 29일이 걸리니, '블루문'은 가능하기는 하지만 자주 일어나지는 않아요.

그런데 때로는 진짜 '블루문', 그러니까 파란 달이 뜨기도 해요. 대기 중의 먼지나 연기가 달빛을 방해해 푸르게 만들기 때문이에요.

개기 월식 중에는 달이 빨갛게 보이기도 해요 (138쪽 참조).

달이 쪼그라들어요

달 표면의 균열과 능선은 지난 십억 년 동안 달이 작아져 왔다는 증거예요.

달이 처음 만들어졌을 때는 무척 뜨거웠지만 점차 식으면서 줄어들기 시작했어요. 같은 물질이라도 온도가 낮아지면 부피가 줄어들기 때문이에요.

달의 지름은 183미터 정도 줄어들었을 것으로 추정돼요.

달에는 태양계에서 가장 큰 크레이터가 있어요

달의 남극 근처에 있는 에이킨 분지는
지름이 2,500킬로미터에 달하는 크레이터예요.

이곳은 약 39억 년 전에 지름 170킬로미터의 소행성이 달에 충돌하며 남긴 크레이터예요. 이 충돌로 달 표면에 8킬로미터 깊이의 구멍이 파였고, 주변의 암석이 밀려나면서 솟구쳐 올랐어요.

분지에서 가장 낮은 바닥부터 가장 높은 지점까지 15킬로미터가 넘어요. 지구에서 가장 높은 에베레스트산보다 두 배나 높답니다.

누구도 달을 가질 수는 없어요

달의 땅을 판다며 사람들에게 돈을 받아 가는 기업이나 사람들이 있어요. 하지만 달의 어떤 부분이든 달을 팔 수 있는 권리를 가진 사람은 아무도 없어요. 달에는 소유권이 없기 때문이에요.

판매 중

1967년, 국제 우주 조약은 누구도 달을 포함한 우주 공간을 소유할 수 없다고 선언했어요.

한 독일 남자가 1756년에 프러시아의 왕 프레더릭 2세가 자신의 가족에게 달을 주었다고 주장했어요.

400년 묵은 실험을 한 우주 비행사들

16세기 과학자 갈릴레오 갈릴레이는 서로 다른 질량을 가진 구체 2개를 동시에 떨어뜨려 무거운 물체와 가벼운 물체가 같은 속도로 떨어진다는 사실을 증명했어요. 또한, 깃털과 포탄으로 실험해도 깃털이 떨어지는 속도를 늦추는 공기만 없다면 결과가 같을 거라고 생각했어요.

1971년, 아폴로 15호의 우주 비행사 데이비드 스콧이 공기가 희박한 달에서 깃털과 망치를 떨어뜨렸는데 두 물건이 동시에 떨어졌지요.

이 실험에는 미국 공군 사관 학교의 마스코트인 배긴스라는 매의 깃털이 쓰였어요.

이러다 달에 발 디딜 틈이 없겠어요!

달에 간 우주 비행사들이 지구로 돌아올 때면 우주선을 최대한 가볍게 하려고 많은 것들을 두고 와요.

45억 년 동안 달에는 쓰레기가 없었어요. 하지만 사람들이 달에 가기 시작하면서 지금은 약 18만 킬로그램에 이르는 잡동사니가 남겨졌어요.

버려진 아폴로 11호의 착륙선 다리에 달린 기념 명판에는 다음과 같이 적혀 있어요.

"서기 1969년 7월, 지구 행성에서 온 인간들이 여기 달에 첫발을 내디뎠다. 우리는 온 인류를 위해 평화를 이루었다."

값비싼 카메라도 다시 가져올 수 없었어요. 1970년대의 훌륭한 골동품 카메라를 가지고 싶다면 달에 가 보세요!

달에 충돌한 우주선, 중고 탐사선, 우주선에서 폐기된 부품 등 70대가 넘는 탈것이 달에 버려졌어요.

망치, 갈퀴, 삽 같은 연장들도 모두 달에 버려졌어요.

갈릴레오 실험에 사용한 망치와 깃털, 앨런 셰퍼드가 친 골프공(128쪽 참조)도 아직 달에 있답니다.

나사의 아폴로 임무가 평화적으로 이루어졌다는 의미로 평화를 상징하는 올리브나무 가지 모양의 황금 장식이 남겨졌어요.

아폴로 11호의 우주 비행사들은 1967년과 1968년에 목숨을 잃은 옛 소련의 두 우주인 블라디미르 코마로프와 유리 가가린을 기리는 메달을 담은 가방을 남겨 두었어요.

발사 전에 화염에 휩싸여 우주 비행사 셋의 목숨의 앗아 간 아폴로 1호의 패치도 남겨졌어요.

달에는 쓰고 버린 물휴지, 다 먹은 우주 식량 용기, 배설물과 구토물이 든 봉지 96개까지 진짜 쓰레기도 남아 있어요.

달에 사는 생명체?

인류는 아주 오래전부터 달에 생명체가 있을 거라고 생각해 왔어요.

망원경이 처음 발명된 시절의 천문학자들은 달의 밝은 부분이 육지이고 어두운 부분이 대양일지, 어느 쪽에 생명체가 살지 궁금해했어요.

달에 대기가 희박하다는 사실은 최근에야 발견되었어요.

1610년, 천문학자 요하네스 케플러는 달에 사는 몸집이 큰 생명체가 망원경으로 보일 만큼 널찍한 원형 건물을 지었을 거라는 편지를 썼어요.

2,500년 전, 몇몇 고대 그리스인들은 달이 동식물의 서식처라고 생각했어요. 지구에 사는 동식물과 비슷하지만 더 크고 더 아름다운 생명체가 살 거라고 짐작했지요.

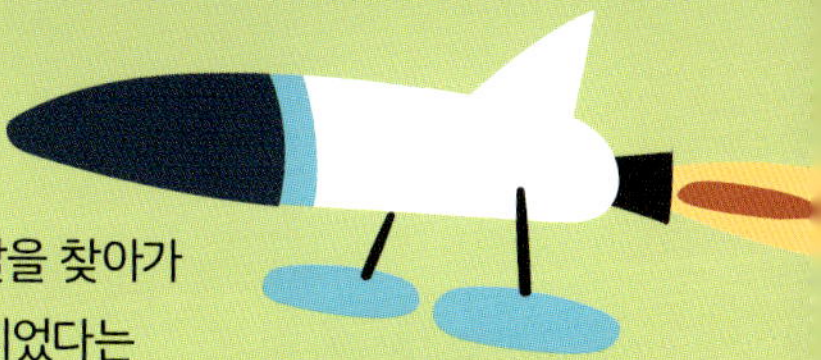

지금도 외계인이 달을 찾아가 이미 기지까지 지었다는 증거를 나사가 숨긴다고 믿는 사람들이 있어요. 하지만 그 증거는 어디에도 없지요.

1856년, 천문학자 피터 핸슨은 지구에서 보이지 않는 달의 반대편에 생명체가 있을 것이라고 생각했어요. 이 가설은 한동안 유명했지만 사실로 증명되지는 않았어요.

달에는 우리가 생명체라고 생각할 만한 어떤 것도 살지 않아요. 하지만 대기와 식량, 물이 있다면 인간이 달에 기지를 짓고 살 수도 있지요. 우리가 달에 사는 생명체가 되는 거예요!

4. 우리와 가장 가까운 행성들

석기 시대 이후로 가장 처음 발견된 행성은 천왕성이에요

독일계 영국인 아마추어 천문학자 윌리엄 허셜이 1781년에 천왕성을 발견했어요.

허셜은 영국 왕의 이름을 따서 새 행성의 이름을 짓고 싶어 했는데, 정말 그랬다면 천왕성은 '조지'라고 불렸겠지요.

조지 3세는 기뻐하며 허셜을 지원해 주었고, 허셜은 더 크고 좋은 망원경으로 하늘을 관찰하는 전업 천문학자가 되었어요. 이후 또다시 새로운 행성을 발견하지는 못했지만 중요한 천문학적 사실을 발견해 나갔지요.

태양계는 먼지와 기체로 이루어진 구름에서 만들어졌어요

태양을 비롯해 태양계의 행성과 위성 들은 모두 45억 년 전에 소용돌이치는 먼지와 기체 구름에서 만들어졌어요.

원반 형태의 작은 물질들이 덩어리로 뭉치기 시작했고, 부피가 커질수록 더 많은 물질을 끌어들였어요. 그중 가장 큰 8개의 덩어리가 행성과 위성이 되었답니다!

지구형 행성은 밀도가 높아요

지구형 행성에는 수성, 금성, 지구, 화성이 포함되는데, 비교적 태양과 가까워요. 목성형 행성들은 훨씬 더 크고 멀리 떨어져 있어요.

수성

 지구

금성

 화성

태양계에는 지구형 행성 4개와 목성형 행성 4개가 있어요.

천왕성

토성

해왕성

목성

태양 가까이에서 공전하는 지구형 행성은 녹는점이 높은 암석과 금속으로 이루어져 있어서 태양 가까이에서도 녹거나 증발하지 않아요. 반면 기체나 얼음으로 된 목성형 행성은 태양에서 멀리 떨어진 추운 곳에서 고체 상태를 유지할 수 있지요.

옆으로 누운 천왕성

천왕성은 유일하게 옆으로 누워 있는 행성이에요. 수십억 년 다른 물질과 충돌해 옆으로 쓰러졌을지 몰라요.

천왕성의 북극과 남극은 동쪽과 서쪽에 있어요. 천왕성의 자전축이 약 98도 기울어져 있기 때문이에요.

천왕성이 태양을 공전하는 데는 지구 시간으로 84년이 걸려요. 한쪽 극이 지구 시간으로 42년 동안 태양을 향해 있고, 다른 쪽 극이 그다음 42년 동안 태양을 향해 있어요. 적도 근처의 좁은 지역에서만 얼마 안 되는 시간 동안 일반적인 낮과 밤을 맞게 되지요.

천왕성에는 세로 방향의 희미한 고리들이 있어요.

157

화성에 주인이 있다고요?

1997년, 예멘 출신의 남자 3명이 화성에 착륙한 나사를 무단침입죄로 고소했어요.

오래전에 사라진 고대 사우디아라비아의 신화를 근거로, 3,000년 전부터 화성을 대대로 물려받았다고 주장했어요.

나사는 세 남자의 화성 소유권에 동의하지 않기 때문에 화성 탐사를 계속할 예정이에요.

러시아 소년 보리스카 키프리야노비치는 자신이 화성인이었으며 지구에서 환생했다고 말했어요. 아주 어린 시절부터 부모에게 화성의 삶을 들려줬는데, 그 말에 따르면 화성인들은 지하에 산다고 해요.

수성과 금성이 아주 작은 일식을 만들어요

수성과 금성은 지구와 태양 사이에서 태양을 중심으로 돌아요. 그래서 이따금 지구와 태양 사이를 곧장 지나갈 때가 있어요.

그럴 때면 달이 태양을 가리는 일식처럼 행성들이 태양을 가리는 현상이 일어나지요. 하지만 멀리 떨어진 수성이나 금성은 태양을 가리기에는 너무 작기 때문에(127쪽 참조) 아주 작고 검은 점처럼 보여요.

다른 행성들은 지구 바깥에서 태양 주위를 돌기 때문에 지구와 태양 사이를 지나갈 수 없어요.

종이에 나타난 태양과 행성의 모습

쌍안경

사용하지 않는 쪽은 뚜껑을 닫아 두기

태양 방향

태양을 직접 바라보면 눈이 다칠 수 있어요. 쌍안경을 이용해 종이나 벽에 태양의 모습을 비추면 태양을 가로지르는 작은 그림자를 관찰할 수 있어요.

수성은 달보다 조금 커요

달은 지름 4,878킬로미터인 수성의 70퍼센트 크기예요. 게다가 달은 아주 뜨거운 안쪽이 식으면서 조금씩 줄어들고 있어 달 표면에 새로운 균열들이 나타나고 있답니다.

수성은 태양에서 가장 가까운 행성으로, 태양과 약 5,800만 킬로미터 떨어져 있는데, 지구는 태양에서 이보다 약 3배 정도 멀리 떨어져 있어요.

태양을 기준으로 수성의 하루는 약 176일이에요. (자전 주기는 지구 시간으로 59일이지만 공전 주기가 88일이기 때문이지요.)

목성은 방해꾼이에요

1801년에 목성과 화성 사이에서 소행성 세레스가 발견된 뒤로, 비슷한 자리에서 소행성이 잇달아 나타나 이 지역을 '소행성대'라고 부르게 되었어요.

지금은 세레스를 왜행성으로 분류해요. 소행성대에 있는 세레스, 베스타, 팔라스, 히기에이아가 전체 소행성대 질량의 절반을 차지하지요.

화성

이 소행성들은 목성의 큰 중력 때문에 행성으로 뭉치지 못한 채 서로 부딪혀 부서지고 흩어져요. 이제는 행성이 만들어질 만큼 소행성이 많이 남아 있지도 않지요. 소행성대에 있는 소행성의 질량을 모두 합해도 달의 질량보다 훨씬 작아요.

소행성들은 대부분 비어 있는 소행성대에 넓게 퍼져 있어요. 가장 가까이 있는 소행성끼리도 보이지 않을 정도로 서로 멀리 떨어져 있지요.

목성

다른 세계를 찾아가 보아요

태양계에 있는 다른 세계에 간다면 삶의 모습도 완전히 달라질 거예요.

토성에 서면 하늘을 가로지르는 띠 모양의 고리를 볼 수 있어요. 물론 토성에 설 수는 없겠지만요.

명왕성에서 몸무게를 재면 지구에서 잰 몸무게의 15분의 1 정도가 될 거예요.

목성에는 단단한 표면이 없어서 똑바로 서 있을 수 없어요. 하지만 6만 킬로미터 깊이의 기체 층에 들어간 다음, 텁텁하고 질척거리는 층을 지난다면 단단한 핵에 닿을 수 있지요.

금성에 가면 지구 기압의 93배나 되는 대기에 짓눌리고, 산성을 띠는 구름에 타 버릴 거예요.

우리가 천왕성에 산다면 생일이 평생 한 번뿐일 거예요. 천왕성이 태양을 공전하는 데는 지구의 시간으로 84년이 걸리기 때문에 천왕성에서의 1년은 인간의 한평생과 맞먹는답니다.

해왕성에 살면 80년 동안 여름만, 운이 나쁘면 겨울만 겪게 될 거예요.

목성의 위성, 이를테면 유로파 같은 곳에 산다면 하늘에 목성이 거대하게 나타날 거예요. 지구에서 보던 그 무엇보다도 더 크게요!

화성에 있다면 지구가 태양 앞을 지나며 작고 검은 점으로 보이는 현상을 볼 수 있어요.

수성에서는 태양이 지구에서 보던 것보다 3배 더 커 보일 거예요.

왜행성 세드나에서는 1만 1,400년에 한 번 생일을 맞이할 수 있어요.

명왕성은 태양에서 48억 킬로미터 떨어져 있어, 지구보다 햇빛을 훨씬 적게 받아요. 하지만 완전히 캄캄하지는 않아요. 정오에는 지구가 일몰 직후에 받는 만큼의 햇빛을 받는답니다.

수성에서는 외투나 찬 음료가 필요해요. 수성은 기온차가 극심한데, 해를 향하는 쪽(낮)은 섭씨 427도까지 올라서 타는 듯이 뜨겁고, 반대쪽(밤)에서는 섭씨 영하 173도까지 내려가 꽁꽁 얼어붙어요.

목성이나 토성에 가면 하늘에 위성들이 가득할 거예요. 목성의 위성은 무려 79개인데, 일부는 행성의 반대쪽에 있어서 한꺼번에 다 보이지는 않아요. 하지만 하늘에 달이 30개쯤 떠 있는 장면을 상상해 보세요!

위성은 양치기처럼 일해요

'양치기 위성'은 양 떼를 모는 양치기처럼 행성의 고리를 이루는 먼지와 암석 파편 들이 흩어지지 않고 형태를 유지하게 잡아 주어요.

행성도 중력으로 공전 궤도에 끼어드는 물질들을 처리하는데, 이 일을 하지 못하는 천체는 행성으로 분류하지 않아요.

사람들은 한때 외계인들이 화성에 운하를 지었다고 생각했어요

1877년, 이탈리아 천문학자 조반니 스키아파렐리는 처음으로 화성 지도를 그리면서 화성 표면에 보이는 십자 직선을 '수로(channels)'를 뜻하는 '카날리(canali)'라고 불렀어요. 하지만 이탈리아어를 모르는 사람들이 이 말을 '운하(canals)'로 오해했지요.

1909년, 천문학자들은 더 좋은 망원경으로 화성에 운하가 없다는 것을 증명했어요. 하지만 당시에는 화성에 생명체가 산다는 생각이 이미 깊게 자리 잡고 있었어요. 과학 소설 작가들이 화성에 사는 외계인 이야기를 쓰면서 적어도 책과 영화에서는 화성인이 존재하게 되었어요!

행성은 반짝이지 않아요

망원경 없이 별과 행성을 구분하려면 반짝이는지를 보세요.
별은 반짝이지만 행성은 그렇지 않아요.

금성

별은 스스로 빛을 내지만,
행성은 태양의 빛을 반사해요.

행성이 반사하는 빛의 양은 행성의 위치와 구성 물질에 따라 달라요. 받은 햇빛의 약 5퍼센트만 반사하는 수성은 우리 눈에 어둡게 보이지요.

금성은 대기층이 햇빛을 반사하기 때문에 밝게 보여요.

별은 스스로 빛을 내요.
행성은 스스로 빛을 내지 못해요.

수성은 어두운 암석형 행성이에요.

수성

해왕성은 겨우 작년에야 발견되었어요

해왕성의 시간으로 생각한다면 말이에요!

해왕성은 1846년에 처음 발견되었어요. 지금까지 발견된 태양계 행성 중에 가장 바깥쪽에 있는 행성이지요. 해왕성은 태양에서 너무 멀리 떨어져 있어서 공전 주기가 165년에 달해요. 관측 이래로 한 바퀴(1년)밖에 돌지 않았답니다.

반면 자전 주기는 무척 빨라서 단 16시간 6분밖에 되지 않아요.

공전 주기가 165년인 해왕성의 1년은 8만 7,000일이 넘어요. 우리가 해왕성에 산다면 첫 생일도 축하하지 못할 거예요.

우주는 넓고 위성은 많아요

지구에만 위성이 있는 것이 아니에요. 하지만 지구는 유일하게 위성이 단 하나인 행성이지요.

수성과 금성은 위성이 없지만, 거대 기체 행성과 거대 얼음 행성에는 위성이 아주 많아요.

토성의 위성인 히페리온은 스펀지처럼 보인답니다.

토성과 목성에는 위성이 많아요. 감자나 미트볼, 스펀지처럼 생긴 위성도 있지요. 위성이 많다 보니 똑같이 동그란 위성이 지겨웠는지도 몰라요!

위성은 대개 암석으로 만들어져 있고, 태양 궤도를 도는 행성의 주위를 돌아요.

토성의 또 다른 위성인 프로메테우스는 감자처럼 생겼어요.

목성이 80배 더 컸다면 별이 됐을지도 몰라요!

거대 기체 행성인 목성은 태양과 마찬가지로 대부분 수소로 이루어져 있어요. 하지만 목성이 별이 되려면 훨씬 커져야 해요.

커다란 수소 덩어리인 태양은 중력으로 모든 것을 끌어당겨 엄청난 압력으로 원자핵을 으스러뜨리며 결합시키는데, 이런 핵융합 반응을 통해 열과 빛을 만들어 내지요.

하지만 목성은 핵융합을 일으키기에는 너무 작아요. 목성을 새로운 별로 만들려면 목성과 같은 행성 79개를 찾아 하나로 합쳐야 해요.

크고 작고 진짜 이상한 자연 위성

거대 기체 행성에는 위성이 아주 많아요. 토성에는 적어도 61개, 목성에는 적어도 79개의 위성이 있지요. 거대 기체 행성은 아주 커서 중력이 우주 멀리까지 미치고, 그 덕분에 지나가는 암석과 얼음 덩어리들을 궤도로 끌어당겨 위성으로 삼을 수 있어요.

목성의 위성 이오는 태양계에서 화산이 가장 많은 곳이에요. 활화산 400개가 있고, 그중 일부는 고약한 냄새가 나는 유황 연기를 500킬로미터 밖까지 뿜어내요.

거대 기체 행성과 거대 얼음 행성의 몇몇 위성들은 작은 행성만큼이나 커요. 하지만 어떤 위성들은 지름이 겨우 1킬로미터밖에 안 되기도 해요.

달
레아
디오네
지구
수성
칼리스토
화성
가니메데

태양계에서 가장 큰 위성은 목성 주위를 도는 가니메데예요. 옅은 산소 대기층이 있고, 표면 200킬로미터 아래에 소금기 있는 바다가 있어요.

소행성에도 작은 위성이 있을 수 있어요.

토성의 위성 엔셀라두스의 표면은 99퍼센트가
물(정확히는 얼음)로 덮여 있고, 1초에 물 250킬로그램을
뿜어내는 얼음 온천이 있어요.

토성의 위성 아틀라스는 뚱뚱해요.
위성에 토성의 고리에서 나온 입자들이
달라붙으면서 두툼해졌는데,
가로 지름이 세로 지름의 두 배인
40킬로미터가 되었어요.

해왕성의 위성 트리톤은
태양계에서 가장 추운 곳
가운데 하나로, 온도가
무려 섭씨 영하 235도까지
내려간답니다.

위성은 단단할 수도 있고, 얼음이 덮여 있을 수도
있어요. 얼음에 덮인 위성들은 얼음 아래에 액체 층이
있는 경우가 많지요. 위성의 가운데에는 대개
단단한 암석이나 철 성분의 핵이 있어요.

위성은 대부분 모행성과
같은 방향으로 돌아요.
하지만 트리톤은
혹독한 추위로도 모자라
해왕성과 반대 방향으로
도는 괴짜 위성이에요.

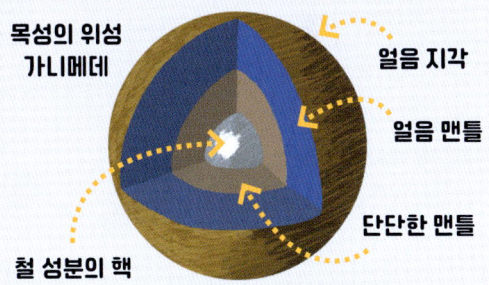

목성의 위성 가니메데

얼음 지각

얼음 맨틀

단단한 맨틀

철 성분의 핵

어떤 토성의 고리는 두께가 10센티미터밖에 안 돼요

하지만 지름은 40만 킬로미터로, 지구에서 달까지의 거리보다 더 크지요. 토성에는 500~1,000개의 고리가 있고, 각 고리 사이에는 크고 작은 틈이 있어요.

토성의 고리는 수십억 개의 암석, 먼지, 얼음 입자로 이루어지는데, 이것들이 암석처럼 단단하게 뭉치거나 엉겨 붙어 더러운 눈덩이처럼 얼어 있어요. 이 덩어리는 버스만큼 크기도 하지만 맨눈으로 보이지 않을 정도로 작기도 하지요.

토성의 고리는 단단한 반면 토성은 밀도가 낮고 기체가 많아서 물에 넣으면 둥둥 뜰 거예요. 토성이 들어갈 만큼 큰 수조를 찾을 수는 없겠지만 말이에요.

화성은 녹슬었어요

화성은 붉은 행성으로 알려져 있어요. 화성 표면은 붉은 암석과 흙으로 덮여 있는데, 녹의 주성분인 산화철이 많기 때문이지요.

데모스

포보스

화성에는 아주 작은 위성이 2개 있어요. 포보스는 지름이 22.2킬로미터, 데모스는 12.6킬로미터이지요. 두 위성 모두 모양이 고르지 않은데, 크기가 작아서 자전하지 못하기 때문에 모양이 동그랗게 다듬어질 수 없었어요.

화성은 지구보다 훨씬 작아요. 지름이 6,791킬로미터로 지구의 2분의 1을 조금 넘어요. 지구에는 화성이 6개나 들어갈 수 있어요.

금성은 자전 주기가 공전 주기보다 길어요

태양에서 2번째로 가까운 행성인 금성은 태양 주위를 공전하는 데 224일이 걸려요.

반면 자전 속도는 매우 느려서 한 바퀴를 완전히 도는 데 243일이 걸려요. 태양을 한 바퀴 다 도는 동안에도 하루가 끝나지 않는답니다.

태양계에서 하루가 가장 짧은 행성은 목성이에요. 목성의 하루는 지구 시간으로 10시간이 채 되지 않고, 목성의 1년은 지구 시간으로 거의 12년이지요. 목성의 시간으로는 1만 일이 지나야 1년이 된답니다.

거꾸로 도는 두 행성

금성과 천왕성은 동쪽에서 서쪽으로 돌고(북극에서 내려다보았을 때 시계 방향), 다른 행성들은 모두 반대로 돌아요.

태양계 행성들은 모두 서쪽에서 동쪽으로 공전하기 때문에 자전도 같은 방향으로 할 것 같지만 금성과 천왕성은 반대로 돌아요.

어쩌면 두 행성은 다른 행성과 같은 방향으로 돌다가 커다란 소행성과 충돌했는지도 몰라요. 그 뒤로 천왕성은 옆으로 누워 있게 되고, 금성은 완전히 뒤집혀 지금의 모습이 된 거죠. 그렇다면 금성은 위아래가 바뀌어 반대로 도는 것처럼 보일 뿐, 다른 행성들과 같은 방향으로 돌고 있는 셈이에요.

어떤 위성들은 납치된 것이래요

위성이 생겨나는 방법은 3가지가 있어요.

- 처음부터 행성과 위성이 함께 만들어질 수 있어요.

- 행성이 주변의 암석을 '납치'하듯 끌어와 위성으로 삼기도 해요.

- 행성에서 큰 충돌이 일어나면서 떨어져 나온 암석 덩어리가 위성이 되기도 해요. 달도 이런 방식으로 생겼을 가능성이 커요.

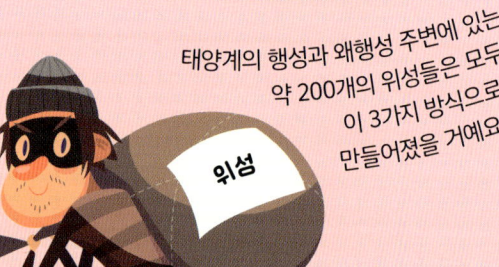

태양계의 행성과 왜행성 주변에 있는 약 200개의 위성들은 모두 이 3가지 방식으로 만들어졌을 거예요.

화성에는 프랑스만 한 큰 화산이 있어요

태양계에서 가장 큰 화산은 화성의 올림푸스몬스예요.

올림푸스몬스는 높이가 22킬로미터예요. 지구에서 가장 높은 에베레스트산은 높이가 8.8킬로미터로, 이 화산의 3분의 1 정도이지요. 올림푸스몬스는 부피도 지구에서 가장 큰 화산보다 100배나 더 커요.

올림푸스몬스 화산

올림푸스몬스는 용암이 천천히 흘러나와 넓게 퍼지면서 완만한 화산이 되었어요. 그래서 지구보다 훨씬 작은 화성에 프랑스 면적만 한 화산이 생긴 거예요.

하지만 약 2,500만 년 동안 폭발하지 않아 이제는 더 이상 분출하지 않는 '죽은화산'으로 보여요.

천문학자들은 혜성이 목성에 충돌하는 장면을 지켜보았어요

그러나 아무것도 하지 않았어요!

슈메이커-레비 9 혜성은 발견되기 20~30년 전부터 목성의 중력에 붙잡혀 목성 궤도를 돌고 있었어요. 그러다 1990년대에 이르러서는 목성의 중력 때문에 여러 조각으로 나뉘었지요.

크기가 무척 컸던 슈메이커-레비 9 혜성은 쪼개진 조각의 지름이 2킬로미터에 달하기도 했어요. 그 뒤로 2년 동안 초소형 혜성처럼 보이는 혜성 조각 21개가 목성 주위를 돌았지요. 그러다 목성의 중력이 혜성 조각들을 끌어당기면서 충돌이 일어났고, 혜성은 완전히 파괴되었어요.

가장 강력한 중력을 가진 행성은 기체 덩어리에 불과해요

거대 기체 행성인 목성은
표면은 단단하지 않지만
중력은 태양계에서
가장 세요.

목성에서 몸무게를 재면
지구에서 잰 몸무게보다
2.5배나 더 나가요.

중력은 두 물체 간에 끌어당기는
힘이에요. 질량이 큰 물체일수록
작용하는 중력도 커지고, 끌어당기는
힘도 커지지요. 태양계에서
가장 거대한 목성은
중력도 커요.

몸이 무거운 것 같아.

나도!

세레스는 별, 혜성, 행성, 소행성, 그리고 왜행성까지 다 되어 봤어요

세레스는 소행성대에서 가장 큰 암석 덩어리예요.

1801년, 이탈리아 천문학자 피아치는 처음 세레스를 발견했을 때 혜성이라고 생각했어요. 하지만 친구들은 세레스가 행성이라고 설득했지요.

세레스는 소행성대에 천체들이 점점 더 많아지면서 소행성으로 분류되었어요. 그 천체들이 모두 행성으로 인정받았다면 행성이 너무 많아졌을 거예요.

하지만 세레스는 소행성 중에서도 두드러지게 커요. 2006년, '왜행성'이라는 분류가 처음 도입되었을 때, 세레스는 왜행성으로 다시 분류되었어요.

수성은 골칫거리가 될 수도 있어요

어떤 천문학자들은 목성의 강한 중력이 수성의 궤도에 간섭한다고 생각해요.

수성은 궤도가 남달라서 외부의 영향으로 엉망이 되기 쉬워요.

수성의 궤도가 바뀌면 4가지 결과가 나타날 수 있어요.
1. 수성과 태양의 충돌
2. 수성의 태양계 이탈
3. 수성과 금성의 충돌
4. 수성과 지구의 충돌

마지막 가능성은 우리에게 무척 치명적일 거예요. 하지만 너무 걱정하지 말아요! 앞으로 50~70억 년은 지나야 일어날 일이에요.

태양에 가까워진 혜성에는 꼬리가 생겨요

혜성은 빛나는 점 뒤로 반짝이는 긴 꼬리가 펼쳐져서 아주 멋있어 보여요. 하지만 가까이에서 보면 지저분한 암석과 먼지 덩어리인 데다가 감자처럼 생긴 경우도 많아요.

혜성은 길쭉한 타원 궤도를 그리며 태양 주위를 돌아요. 태양에 가까워질수록 얼음 일부가 증발하게 되는데, 이때 빠져나온 기체와 먼지가 꼬리를 이루어요.

혜성의 꼬리는 언제나 태양의 반대쪽을 향해요.

200년마다 놀러 오는 이웃 혜성

혜성의 궤도

지구의 궤도

태양

혜성은 거대한 타원을 그리며 태양 주위를 도는데, 그러다 주기적으로 지구와 가까워져요. 그럴 때면 우리도 혜성을 볼 수 있지요.

200년 이내의 주기로 우리 눈에 보이는 '단주기 혜성'은 주로 해왕성 궤도 너머에 있는 '카이퍼 띠'라는 영역에 머물러요.

태양에서 지구까지의 거리보다 30~55배 멀리 떨어진 카이퍼 띠에는 얼음 덩어리로 이루어진 크고 작은 천체들이 수조 개 있어요.

태양으로부터 45억 km 카이퍼 띠

거대 얼음 행성은 아주 뜨거워요

천왕성과 해왕성은 거대 얼음 행성이에요. 이 행성들을 구성하는 질척한 얼음은 차갑지 않고, 타는 듯이 뜨거워요.

얼음이라고 하면 대개 얼어 있는 물을 떠올리지만 기체도 엄청난 압력을 받으면 입자가 돌아다닐 공간이 없어지면서 얼 수 있어요. 압력 때문에 얼어붙은 기체는 높은 온도에서도 녹지 않지요.

해왕성

과학자들은 지구의 대기압보다 200만 배 더 큰 압력을 물에 가해 '초이온 물 얼음'을 만들었어요. 이 얼음은 여느 행성의 내부보다도 뜨거운 섭씨 4,726도가 될 때까지 녹지 않는답니다.

해왕성과 천왕성은 질펀질펀한 수프예요

해왕성과 천왕성은 얼음 행성이지만, 단순히 커다란 얼음 덩어리가 아니에요.

천왕성

가장 위쪽에 있는 대기는 목성과 토성의 대부분을 구성하는 기체인 수소예요. 그 아래에는 물, 메테인, 암모니아로 이루어진 두껍고 질펀질펀한 얼음 층이 있을 거예요. 더 안쪽에는 암석과 얼음이 있어요.

대기

상부 맨틀

하부 맨틀

핵

메테인 얼음은 푸른빛이 돌아요. 해왕성과 천왕성이 푸르게 보이는 것도 바로 이 메테인 때문이에요.

불이 잘 붙는 메테인 성분으로 된 얼음 행성은 산소만 있다면 불탈 수 있어요.

나사는 위성에 있는 '바다'에서 생명체를 찾아볼 거예요

목성과 토성의 위성에는 얼음으로 된 표면 아래에 거대한 바다가 있어요.

목성의 위성 유로파와 토성의 위성 엔셀라두스는 지구를 제외하면 태양계에서 생명체가 존재할 가능성이 가장 높은 장소일 거예요.

엔셀라두스

유로파

토성

엔셀라두스에는 40킬로미터에 달하는 얼음 층 아래로 바다가 10킬로미터나 이어져요. 남극 근처에서는 물기둥이 얼음을 뚫고 솟아오르는데, 지구와 마찬가지로 표면 아래 따뜻한 물에 미생물이 살고 있을지도 몰라요.

우리의 먼 조상들도 행성과 별을 구분했어요

수천 년 전, 고대 천문학자들은 행성에는 무언가 특이한 특성이 있다는 것을 알았어요.

그래서 행성의 움직임을 표시하여 하늘을 가로지르는 행성의 경로를 예측했어요.

행성의 영어 단어 'planet'은 그리스어로 '방랑자'를 뜻해요. 행성이 아닌 별은 '고정된 별'이라는 뜻으로 'fixed star'라고 했지요.

망원경이 없으면 행성과 별은 모두 밝은 빛을 띠는 점으로 보여요. 별은 너무 멀리 떨어져 있어서 늘 같은 자리에 머무는 것처럼 보이는 반면, 행성은 별들 사이를 돌아다녀요.

혜성은 우주를 누비는 눈뭉치예요

혜성은 태양에 가까워지면 표면의 먼지와 기체가 증발해 흘러나오는데, 거기에 햇빛이 비치면 멋지게 반짝이는 꼬리로 보여요.

혜성은 암석, 먼지, 얼음이 덕지덕지 엉겨 붙은 덩어리예요.

지금까지 관측된 가장 큰 혜성은 맥너트 혜성으로, 꼬리를 제외한 중심부의 지름이 25킬로미터예요.

혜성은 길쭉한 타원 궤도를 따라 태양 주위를 돌아요.

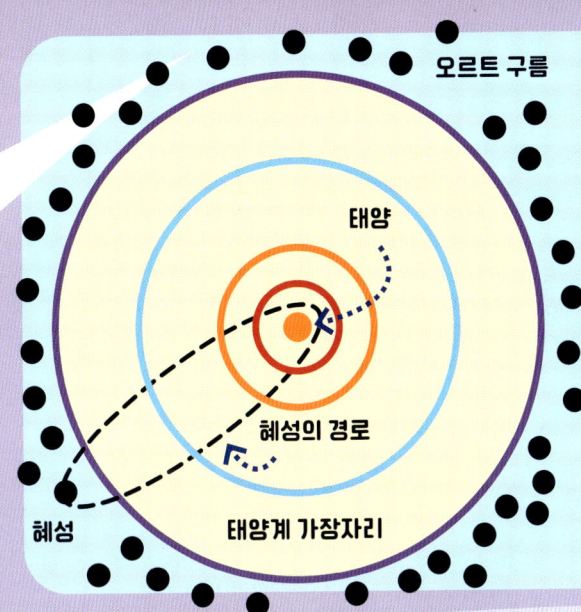

해왕성 너머 카이퍼 띠에는 수조 개의 혜성이 있고, 이 혜성들의 공전 주기는 200년을 넘지 않아요.

태양계의 가장 바깥쪽에 자리한 오르트 구름에도 수조 개의 혜성이 모여 있어요. 이 혜성들이 궤도를 도는 데는 수천 년에서 수백만 년이 걸려요.

핼리 혜성은 76년에 한 번씩 볼 수 있어요. 꼬리는 1억 킬로미터에 이르기도 하지만 중심부의 크기는 세로 8킬로미터, 가로 16킬로미터 정도예요.

혜성은 태양 가까이 지날 때마다 조금씩 녹아 결국에는 모두 사라져요. 핼리 혜성도 태양에 가까워질 때마다 10미터 두께의 바깥층을 잃어 앞으로 7만 6,000년 후에는 사라질 거예요.

명왕성에 있는 하트 모양의 평지는 혜성이 충돌하면서 파인 구멍에 질소 얼음이 들어차 생긴 것으로 추정되어요.

이름이 '부활절 토끼'인 왜행성이 있었어요

하지만 공식적인 이름은 '마케마케'로 정해졌지요.

2005년 부활절 직후에 발견된 왜행성은 그 의미를 살려 '부활절 토끼'로 불렸어요.

부활절 토끼와 마케마케 모두 서양 문화권에서 기념하는 부활절과 관련된 이름이에요.

마케마케의 공전 주기는 309년이에요.

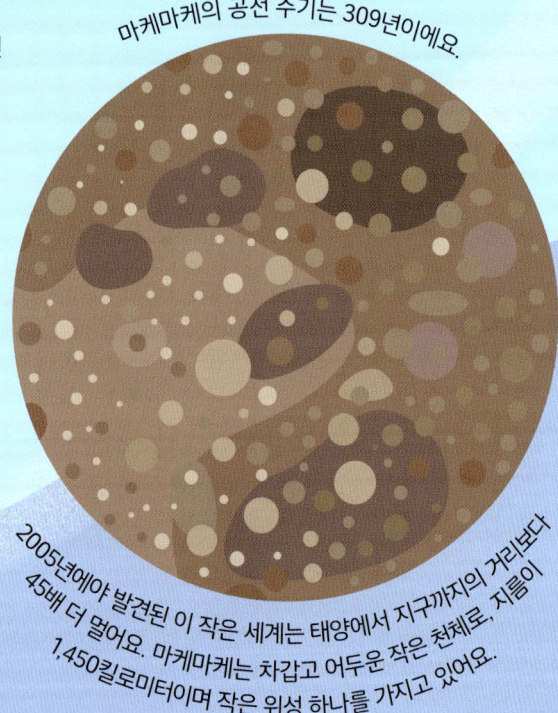

2005년에야 발견된 이 작은 세계는 태양에서 지구까지의 거리보다 45배 더 멀어요. 마케마케는 차갑고 어두운 작은 천체로, 지름이 1,450킬로미터이며 작은 위성 하나를 가지고 있어요.

명왕성의 위성들은 부드럽게 돌지 않고, 덜컹덜컹 돌아요

왜행성인 명왕성의 위성은 5개로 알려져 있어요.
가장 작은 스틱스는 좁은 부분의 지름이 8킬로미터 정도예요.

케르베로스
명왕성
스틱스
닉스
히드라
카론

큰 위성들은 자전하며 동그란 모양을 갖추어요. 지구처럼 중력이 위성의 모든 부분을 중심으로 끌어당기기 때문이에요. 하지만 작은 위성은 중력이 충분하지 않기 때문에 재미있는 모양을 갖게 되지요. 또한 모양이 둥글지 않은 위성은 매끄럽게 자전하지도 못한답니다.

행성들은 태양에서 천천히 멀어져 가요

지구는 1년에 15센티미터씩 태양에서 멀어져요.

정확한 이유는 아직 밝혀지지 않았어요. 태양이 열과 빛 에너지를 만드느라 질량을 소모하면서 행성들을 끌어당기는 중력의 힘이 약해지기 때문일 수도 있어요.

태양의 자전 속도도 느려지고 있는데, 이 영향으로 행성을 붙잡아 두는 힘이 줄어드는 것일 수도 있어요. 행성들이 가진 중력 역시 태양의 회전 속도를 늦추어서, 지구는 태양의 속도를 1년에 0.00003초씩 감소시킨답니다.

토성의 작은 위성들은 계속 부서져요

토성의 F고리에서는 작은 위성들이 계속 만들어지고 또 몇 년 안에 부서져요.

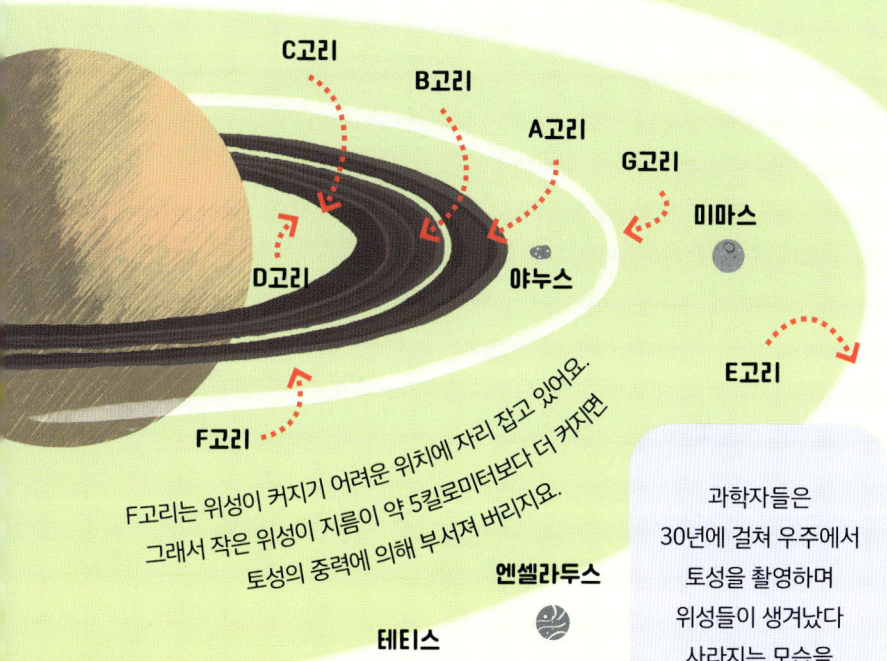

C고리
B고리
A고리
G고리
미마스
D고리
야누스
F고리
E고리

F고리는 위성이 커지기 어려운 위치에 자리 잡고 있어요. 그래서 작은 위성이 지름이 약 5킬로미터보다 더 커지면 토성의 중력에 의해 부서져 버리지요.

엔셀라두스

테티스

과학자들은 30년에 걸쳐 우주에서 토성을 촬영하며 위성들이 생겨났다 사라지는 모습을 관찰해 왔어요.

처음 왜행성을 발견했어요

약 40억 년 전, 세레스는 태양계가 만들어지고 남은 물질들에 둘러싸인 채 소행성대에 자리 잡았어요.

세레스

행성이 될 수도 있었지만 목성과 너무 가까워서 행성이 될 정도로 커지지는 못했어요.

세레스는 소행성대 전체 질량의 4분의 1을 차지하지만, 크기는 지름 952킬로미터로 작아요. 또 다른 왜행성인 명왕성이 14배 정도 더 크지요.

사람들은 혜성을 두려워했어요

혜성은 지구에 떨어지거나 부딪혀 피해를 입힌 적이 없는데도 온갖 재난들이 죄 없는 혜성의 탓으로 돌려지곤 했어요. 사람들은 혜성이 나타나면 세상에 종말이 온다고 생각했지요.

핼리 혜성에 관한 기록은 무려 2,200여 년 전부터 등장했어요.

1910년, 과학자들이 처음으로 혜성의 꼬리가 지구를 통과할 것이라고 예측했을 때, 사기꾼들은 방사능을 막아 주는 모자와 독성 물질을 막아 주는 알약을 만들어 팔았어요. 혜성이 유독 물질을 내뿜거나, 지구의 생명체를 몰살시킬까 봐 두려웠기 때문이지요. 하지만 우리는 여전히 살아 있어요!

행성의 날씨는 험악해지기도 해요

목성에서는 폭풍이 수백 년 동안 불기도 해요. 목성의 대적점은 지구보다 2배 더 넓어요.

대적점은 목성에 있는 붉은 무늬의 폭풍 지대로, 1600년대에 처음 발견되었어요. 지금 우리에게 보이는 대적점은 1830년부터 보였는데, 1600년대에 발견된 것과 같은 것일 수도 있고 새로 생긴 것일 수도 있어요.

대적점 안에서 부는 바람은 최대 풍속이 시속 640킬로미터를 넘어요.

태양계에서 가장 격렬한 폭풍은 해왕성에서 발견돼요. 목성의 대적점처럼 해왕성의 대암점도 폭풍 지대예요.

1989년에 포착된 대암점의 풍속은 시속 2,400킬로미터에 달했어요. 대암점 바깥쪽에서는 초속 600미터의 바람이 몰아치곤 하지요.

해왕성과 천왕성에서 폭풍이 불면 탄소 성분에 어마어마한 압력이 가해져 다이아몬드 우박이 쏟아질지도 몰라요.

금성은 태양계에서 가장 뜨거운 행성으로 표면 온도가 섭씨 462도까지 올라요.

다이아몬드 비가 내리면 다이아몬드로 된 호수나 바다도 만들어질 수 있어요. 어쩌면 다이아몬드 빙산이 둥둥 떠 있을지도 모르지요!

금성의 주된 대기 성분인 이산화탄소가 태양열을 행성 안에 가두어 온실 효과를 일으켜요.

금성을 덮고 있는 구름은 금속을 부식시키는 황산으로 이루어져 있어요.

토성의 고리들은 가끔 사라지는 것처럼 보여요

토성과 지구는 둘 다 자전축이 기울어져 있어서 이따금 토성의 고리 옆면이 지구를 정면으로 향하게 돼요.

그럴 때면 너무 얇은 토성의 고리가 완전히 사라진 것처럼 보이지만 그렇게 보일 뿐이에요.

오래전, 천문학자들은 토성의 고리를 보고 혼란스러워했어요. 1608년, 이탈리아 천문학자 갈릴레오 갈릴레이는 토성에 위성 2개가 있다고 생각했어요.

하지만 2년 뒤에는 위성 2개가 사라졌어요. 갈릴레오가 그 뒤에 토성을 다시 관측했을 때는 2개의 위성은 반쯤 가려지고, 위성들과 토성 사이에 어두운 삼각형이 보였어요. 토성의 고리와, 토성과 고리 사이의 틈을 본 거예요. 토성의 고리에 대한 적절한 설명은 1659년이 되어서야 등장했어요.

해왕성과 천왕성의 자리가 바뀌었어요

몇몇 천문학자들은 해왕성과 천왕성이 태양 가까운 곳에서 만들어진 뒤 멀어졌다고 생각해요.

해왕성

또한 해왕성은 천왕성보다 태양에 가깝게 만들어졌지만 두 행성이 태양에서 멀어지는 과정에서 해왕성이 더 멀리 나가면서 천왕성과 위치가 뒤바뀌었다고 추측하지요.

카이퍼 띠   **천왕성**

카이퍼 띠 역시 지금의 해왕성 궤도 근처에 자리해 태양에 더 가까웠다고 해요.

명왕성에는 액체가 지구만큼이나 많아요

지구에 있는 액체 상태의 물을 모두 모아서 공으로 만든다면 그 공의 반지름은 692킬로미터가 돼요!

지구 — 지구의 액체

명왕성 — 명왕성의 액체 — 명왕성의 얼음

	행성의 지름	액체 상의 물로 만든 공의 지름	얼음으로 만든 공의 지름
지구	12,742킬로미터	1,384킬로미터	428킬로미터
명왕성	2,377킬로미터	1,255킬로미터	1,850킬로미터

명왕성에 있는 물과 암모니아로 이루어진 거대한 지하 바다를 공으로 만든다면, 그 공의 지름은 1,255킬로미터가 돼요. 또, 명왕성의 얼음을 공으로 빚으면 지름이 1,850킬로미터로 지구에 있는 액체 상태의 물과 얼음을 모두 합한 공보다 더 크답니다.

명왕성의 두꺼운 얼음 층 아래에는 장대한 바다가 명왕성 전체에 펼쳐져 있어요. 하지만 유독한 화학 물질이 섞여 있는 탓에 많은 생물이 살지는 못할 거예요.

소행성대는 억울해요

달의 암석을 보면 약 40억 년 전에 엄청난 충돌이 있었다는 사실을 알 수 있어요. 한때 과학자들은 지금은 고갈된 소행성대의 일부분에서 커다란 암석들이 쏟아져 나와 행성과 위성에 크레이터를 만들었다고 생각했어요.

하지만 이제는 초기 소행성대에는 그런 충돌을 일으킬 정도로 소행성이 많지 않았을 거라고 추측해요. 대신 초기 태양계에서 행성이나 위성이 되지 못한 덩어리들이 태양 주변을 돌다가 충돌을 일으켰다고 보지요.

또 다른 행성이 있을까요?

해왕성과 명왕성 너머 또 다른 행성이 존재할 수도 있어요.

나사에서는 제9행성이 해왕성과 태양 사이의 거리보다 20배 더 멀리 있을 것으로 추측해요. 해왕성은 태양에서 45억 킬로미터 떨어져 있으니, 제9행성은 900억 킬로미터 떨어져 있다는 뜻이지요.

제9행성이라고 일컫는 이 새로운 행성은 너무 멀리 떨어져 있어서 일반적인 망원경으로는 보이지 않아요.

제9행성의 질량은 지구의 10배 정도로 추측되어요. 상당히 큰 편이지만, 거대 기체 행성에 비하면 어마어마하게 크지는 않아요.

제9행성이 태양 주위를 한 바퀴 돌려면 지구 시간으로 1만~2만 년이 걸려요.

제9행성이 정말 존재한다면, 제9행성의 중력으로 카이퍼 띠에 있는 일부 천체들이 기울어진 궤도를 돌고, 태양계 쪽으로 비스듬하게 기운 채 움직이거나, 태양 궤도의 반대 방향으로 도는 이유를 설명할 수도 있을 거예요.

제9행성이 태양계 전체를 기울였을 수도 있어요! 행성과 천체 들은 태양의 적도와 나란히 돌지 않고, 약 6도 정도 기울어져 있어요.

제9행성은 거대 얼음 행성일 가능성이 커요. 해왕성과 천왕성처럼요. 태양과 너무 멀어서 태양의 열이나 빛을 거의 받지 못하기 때문이에요.

천문학자들은 하와이에 있는 거대한 망원경으로 제9행성을 찾고 있어요. 작고 캄캄한 천체를 발견하기에 좋은 도구를 갖고 있지만 어디서부터 찾아봐야 할지도 모른다는 것이 문제예요. 제9행성은 태양 주변의 드넓은 궤도 어디에든 있을 수 있거든요.

'니비루'라고 부르는 또 다른 행성이 곧 태양계 외곽에서 다가와 지구를 파괴할 것이라는 이야기는 인터넷에 떠도는 거짓말이에요.

제9행성은 태양의 중력에 끌려들어 온 태양계 밖 행성일지도 몰라요. 혹은 다른 행성들과 함께 만들어졌을 수도 있고요.

행성을 거느린 다른 별들에게는 '거대 지구'가 있어요. 지구보다 훨씬 더 크지만 거대 기체 행성보다는 작지요. 하지만 태양계에는 거대 지구가 없어요. 제9행성이 거대 지구가 아니라면요!

5. 밤하늘에 빛나는 별들

가장 가까운 별은 태양이에요

태양도 다른 수백만 개의 별처럼 하나의 별이에요.
다만 지구와 너무 가깝기 때문에 크고 밝게 보일 뿐이지요.

태양은 가장 흔한 유형의 별이에요. 중간 크기의 황색 왜성으로, 에너지를 열과 빛의 형태로 뿜으며 한창 일하고 있는 건강한 별이에요.

지구의 생명체는 살아가는 데 필요한 모든 에너지를 태양에서 얻어요. 또, 태양의 중력 덕분에 태양계 밖으로 날아가지 않고 궤도를 돌지요. 우리는 태양 없이는 살 수 없어요!

햇빛이 우리에게 오기까지는 8분이 걸려요

빛은 초속 30만 킬로미터로 몹시, 아주, 매우 빠르게 이동해요. 하지만 태양은 너무 멀리 있어서 아무리 빛의 속도라도 햇빛이 지구에 닿기까지는 8분 20초가 걸려요.

499광초

태양이 갑자기 폭발하거나 꺼져 버리면 (물론 그럴 일은 없으니 걱정하지는 말아요!), 우리는 8분 넘게 그 사실을 모를 거예요.

빛의 속도로 1년 동안 움직이면 약 9조 4,600억 킬로미터, 풀어 쓰면 9,460,000,000,000킬로미터를 이동해요. 이 거리를 광년이라고 하지요.

천문학자들은 우주에서 거리를 측정할 때 광년 단위를 사용해요.

태양을 소개해요

태양 안에는 지구 130만 개가 들어갈 수 있어요.

태양은 약 46억 살이에요.

태양은 지구보다 33만 배 무거워요.

태양은 27일 주기로 자전해요.

태양은 지구에서 약 1억 5,000만 킬로미터 떨어져 있어요. 이 거리를 1천문단위 또는 1AU로 나타내요.

초대형 여객기를 타고 태양 주위를 한 바퀴 돌려면 6개월이 걸려요.

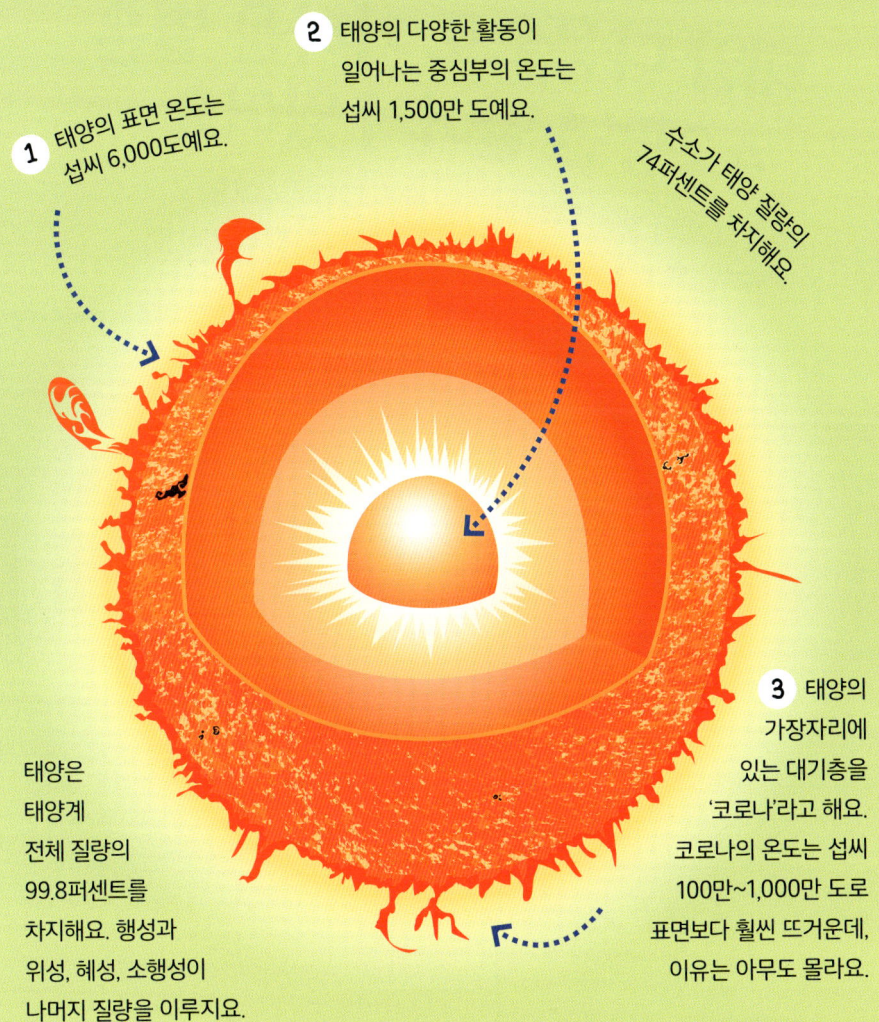

1. 태양의 표면 온도는 섭씨 6,000도예요.

2. 태양의 다양한 활동이 일어나는 중심부의 온도는 섭씨 1,500만 도예요.

수소가 태양 질량의 74퍼센트를 차지해요.

3. 태양의 가장자리에 있는 대기층을 '코로나'라고 해요. 코로나의 온도는 섭씨 100만~1,000만 도로 표면보다 훨씬 뜨거운데, 이유는 아무도 몰라요.

태양은 태양계 전체 질량의 99.8퍼센트를 차지해요. 행성과 위성, 혜성, 소행성이 나머지 질량을 이루지요.

태양 다음으로 가까운 별은 4.2광년 떨어져 있어요

그 별의 빛이 우리에게 닿으려면 4.2년이 걸려요.
하지만 별로 밝지 않아서 망원경이 없으면 볼 수 없어요.

태양 다음으로 가까운 별은 '프록시마 켄타우리'예요.
거의 40조 킬로미터 떨어져 있지요. 풀어 쓰면
40,000,000,000,000킬로미터예요.

프록시마 켄타우리에 가려면
가장 빠른 우주선으로도
7만 6,000년이 걸려요.

별은 반짝이지만 행성은 그렇지 않아요

별의 반짝임은 전문 용어로 '섬광'이라고 해요.

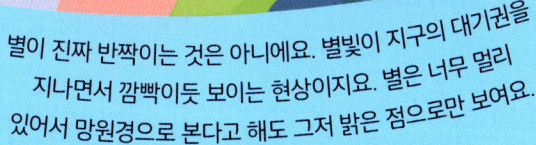

별빛

지구 대기권
(빛을 굴절시키는 불안정한 공기층)

별이 진짜 반짝이는 것은 아니에요. 별빛이 지구의 대기권을 지나면서 깜빡이듯 보이는 현상이지요. 별은 너무 멀리 있어서 망원경으로 본다고 해도 그저 밝은 점으로만 보여요.

별빛은 대기권을 지나면 굴절이 일어나 이리저리 꺾이기 때문에 더 밝아 보이거나 더 어두워 보이면서 반짝이게 돼요. 대기가 없는 우주에서 별을 보면 반짝이지 않아요.

행성은 스스로 빛을 내지 못해요. 햇빛을 반사하기 때문에 빛나는 것처럼 보일 뿐이지요. 하지만 여러 곳에서 반사된 빛들이 서로 다르게 굴절돼 굴절 효과가 없어지기 때문에 반짝이지 않아요.

우리가 볼 수 있는 거의 모든 별이 태양보다 커요

별은 크기도 색깔도 다양해요. 그러나 모두 비슷한 점처럼 보일 정도로 엄청나게 멀리 있지요. 지구에서는 크고 밝은 별들만 볼 수 있어요.

별은 셀 수 없이 많지만 대부분 너무 멀기 때문에 지구에서는 많이 보이지 않아요.

밤하늘에 밝게 빛나는 북극성은 태양보다 2,200배 밝지만 너무 멀리 있어서 작은 점처럼 보여요.

태양은 지구에서 맨눈으로 볼 수 있는 별 중에서 네 번째로 작은 별이에요. 나머지 셋은 아주 희미하게 보여요.

태양은 외톨이예요

별은 대개 둘, 셋 혹은 넷이 짝을 지어 항성계를 이루어요.
같은 항성계에 속한 별들은 중력으로 서로 묶여 있어서
한 지점을 기준으로 같이 공전해요.

그런데 태양은 특이하게도 혼자 있는
별이에요. 태양에서 가장 가까운 별인
프록시마 켄타우리는 알파 센타우리 A,
알파 센타우리 B와 짝을 이루지요.

둘 이상의 별이 속한 항성계에도 행성이 있을 수 있어요.
그 행성에 산다면 하늘에 여러 개의 태양이 뜨고,
일출이 하루에도 여러 번 있을 거예요!

오래전 사람들은 우리보다 더 많은 별을 보았어요

그때는 밤하늘이 지금처럼 밝지 않았거든요.

거리의 조명, 건물, 자동차 등에서 나오는 빛으로 '빛 공해'가 심해지면서 밤하늘이 밝아지고 있어요.

하늘이 별로 어둡지 않으면 희미하게 빛나는 별들은 눈에 보이지 않아요. 낮에 불꽃놀이를 보기 힘든 것처럼요. 심지어 환한 보름달이 별빛을 가리기도 해요.

맑은 날 밤, 도시에서 별을 본다면 100개 정도, 시골에 가면 2,500개 정도 보일 거예요. 그런데 수 세기 전이었다면 5,000개는 볼 수 있었을 거예요.

태양은 왜 소해요

우리가 아동기, 청년기, 노년기를 겪는 것처럼
행성도 시간에 따라 왜성, 거성, 초거성으로 변화해요.
질량이 작으며 젊고 건강한 별은 '왜성'이지요.

왜성은 시간이 지나면서 거성이 되었다가 죽기 전에 거대한 크기로 부풀어 초거성이 돼요.

청색 초거성

적색 거성

적색 왜성과 황색 왜성은 건강한 별이지만, 백색 왜성은 에너지가 모두 소진되면서 지구와 비슷한 크기로 작아진 죽은 별이에요.

백색 왜성

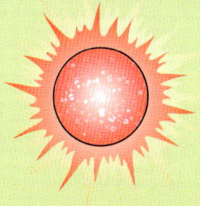
적색 왜성

황색 왜성

빨간 별이 가장 차가워요

우리는 평소에 뜨거운 것은 빨간색으로, 차가운 것은 파란색으로 생각해요. 하지만 별은 정반대로 붉을수록 차갑고, 푸를수록 뜨거워요.

물질의 온도가 올라가면 가장 먼저 붉은빛을 띠어요.

온도가 올라가면 빛의 파장도 달라져요. 파장의 길이에 따라 색깔이 다르게 보이지요.

가장 높은 온도의 별은 옅은 파란색으로 빛나요. 빨강과 파랑 사이에서는 노란색, 주황색, 그리고 흰색으로 빛나지요.

태양은 초록빛으로 빛나요

모든 별은 다양한 파장의 빛을 내지만, 표면 온도에 따라서 한 가지 파장을 다른 것보다 많이 방출해요.

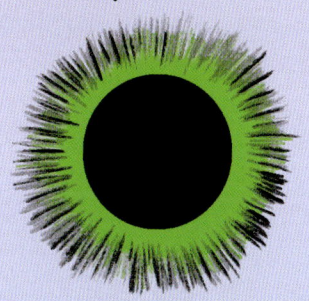

태양은 황색 왜성으로, 상당히 뜨겁고 초록빛을 주로 내뿜어요. 초록색은 우리가 볼 수 있는 빛의 스펙트럼 한가운데에 있는데, 우리 눈에는 초록빛과 태양이 방출하는 다른 파장의 빛이 합쳐지기 때문에 햇빛이 하얗게 보이지요.

일식이 일어나면 태양 주위로 초록빛이 감도는 것을 볼 수 있어요.

태양 이외에도 초록빛을 내는 별이 있지만, 우리가 보기에는 모두 흰색이에요.

천천히 오래 타는 작은 별

가장 작고 건강한 별은 적색 왜성이에요. 가장 큰 적색 왜성도 크기가 태양의 절반밖에 되지 않아요. 가장 작은 적색 왜성은 질량이 태양의 7.5퍼센트, 크기는 태양의 10퍼센트밖에 되지 않지요.

적색 왜성은 태양의 0.0001배 속도로 수소를 천천히 태우며 10조 년 정도 살아요. 우주가 존재한 기간의 1,000배쯤 되는 적색 왜성은 모두 아기 별인 셈이에요.

별들은 대개 최고의 망원경으로도 보기 어려워요

적색 왜성은 가장 작고 희미한 별이에요.

전체 별의 약 75퍼센트가 적색 왜성이에요. 대부분의 별은 우리가 볼 수 없기 때문에 얼마나 많이 있는지는 정확히 알 수 없어요.

우주에 설치해 둔 좋은 망원경으로 우리 은하계에 가까운 적색 왜성을 관측할 수는 있지만 그보다 더 멀리 있는 별은 아무도 보지 못했지요.

적색 왜성은 에너지를 매우 천천히 방출하기 때문에 무척 어두워요. 만약 적색 왜성을 도는 행성이 있다면 별과 가까운 행성만 물과 생명체가 생길 정도로 따뜻할 거예요.

별은 에너지 공장이에요

태양과 같은 별은 '핵융합'이라는 방식으로 에너지를 만들고 내뿜어요.

별은 대개 수소 기체로 이루어져 있어요. 수소는 빅뱅(252쪽 참조)에서 만들어진 2가지 화학 물질 중 하나예요.

수소는 별의 중심에서 높은 압력을 받아 압축돼 헬륨으로 변해요.

수소 원자 4개가 모이면 헬륨 원자 1개를 만들 수 있어요. 그런데 헬륨 원자 1개의 질량은 소수 원자 4개의 질량보다 작아요. 이때 남겨진 질량은 에너지로 방출되지요.

핵융합 반응 하나하나는 미미해 보이지만, 별에서는 핵융합이 연쇄적으로 계속 일어나서 엄청난 빛과 열이 방출돼요.

p p p p → p n p n + 에너지
수소 × 4   헬륨

p = 양성자
n = 중성자

별의 핵융합 반응은 엄청난 양의 수소를 다 태울 때까지 계속 이어져요.

죽기 전의 별은 수소가 아닌 헬륨으로 핵융합 반응을 일으켜 다른 화학 물질을 만들어요.

큰 별이 폭발(227쪽 참조)하면 철로 핵융합이 일어나 우주를 이루는 온갖 물질들이 만들어져요.

별이 폭발하면 별을 구성하던 모든 물질들이 우주로 흩어져요.

빠르게 죽어 가는 거대한 별

가장 큰 별은 초거성이라고 해요. 질량이 태양의 100배가 될 수 있고, 지름도 수백 배나 더 커요.

초거성은 엄청나게 빠른 속도로 태양보다 10만 배 많은 에너지를 뿜어내며 태양보다 10만 배 더 환하게 빛날 수 있답니다.

초거성은 크기가 큰 만큼 수소를 빠르게 태우는데, 겨우 몇백만 년 만에 수소 연료를 다 써 버리고 나면 소멸해요.

오리온자리의 베텔게우스는 지름이 태양의 700배예요.

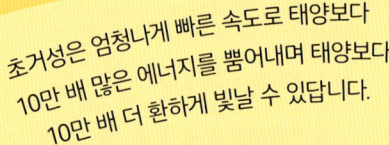

오리온자리

태양의 질량이 줄어들고 있어요

스스로를 태워 에너지를 내뿜기 때문이에요.

태양은 핵융합 반응으로 초당 44억 킬로그램의 질량을 잃어요. 4,700만 년마다 지구만큼의 질량을 잃는 것이지요.

어마어마한 양인 것 같지만, 태양의 질량을 생각해 보면 꼭 그렇지는 않아요.

약 2,000,000,000,000,000,000,000,000,000,000킬로그램인 태양은 약 50억 년 뒤에 태양의 생명이 끝나갈 무렵에는 지금 질량의 0.034퍼센트를 잃을 뿐이에요.

태양에도 점이 있어요

흑점은 태양 표면에 있는 어두운 부분이에요. 실제로 어둡지는 않고, 주변이 너무 밝다 보니 상대적으로 어두워 보일 뿐이지요.

태양의 표면 온도는 섭씨 6,000도예요. 흑점의 온도는 섭씨 4,200도로 비교적 낮은 편이지만, 여전히 매우 뜨겁지요.

흑점은 지름이 지구의 12배인 16만 킬로미터에 이를 정도로 커요.

사람들은 별에서 그림을 발견해요

이런 그림을 별자리 혹은 성좌라고 불러요. 몇몇 별자리의 이름은 3,000년 전에 메소포타미아(고대 이라크)에서 지어졌어요.

사람들은 같은 별에서도 서로 다른 것들을 보아요. 북두칠성이 포함된 큰곰자리를 고대 그리스에서는 곰으로 본 반면 메소포타미아에서는 수레로 보았어요.

미얀마에서는 새우나 게를 상상했고, 아랍 민담에서는 문상객 셋이 따라가는 관으로 묘사되었지요.

천산갑

남쪽으로 항해를 시작한 유럽인들은 낯선 별을 보고 전기 기계, 지렁이, 천산갑, 민달팽이 같은 새로운 그림을 떠올렸어요.

전기 기계

우주를 돌아다니는 별이 있어요

별이라고 모두 한자리에만 머물지는 않아요.
어떤 별들은 어슬렁어슬렁 움직이지요.

토성

'숄츠의 별'이라는 적색 왜성은 7만 년 전에
태양계 바깥쪽에 들어온 적이 있어요.

천왕성

명왕성

숄츠의 별

또, 앞으로 2개의 별이
태양계를 지나갈 거예요.
'힙 85605'는 24~47만 년
뒤에, 또 다른 별 'GL710'은
약 130만 년 뒤에 들를
예정이라 아직 멀었지요!

태양

오르트 구름

두 별은 태양에서 멀리 떨어진
오르트 구름을 지나갈
거예요. 만약 오르트 구름에
있는 천체를 밀어내고
지구와 충돌하는 경로로
움직인다면 문제가 되겠지만,
그럴 가능성은 낮답니다.

태양은 양파처럼 겹겹으로 층지어 있어요

태양 안쪽은 크게 3가지 층으로 나뉘어요. 에너지가 만들어지는 핵, 에너지가 표면으로 천천히 이동하는 복사층, 기체의 대류로 에너지를 전달하는 대류층이에요.

코로나
채층
광구
대류층
복사층
핵

대류층은 에너지를 '광구'라는 표면으로 전달해요. 그 너머는 태양의 대기층인 '채층'과 '코로나'예요.

별의 운명은 크기에 달렸어요

3 적색 거성의 바깥층이 날아가고, 중심에 있던 물질은 매우 단단한 백색 왜성이 돼요.

1 별은 수소 연료를 다 태우고 나면 크게 부풀어요.

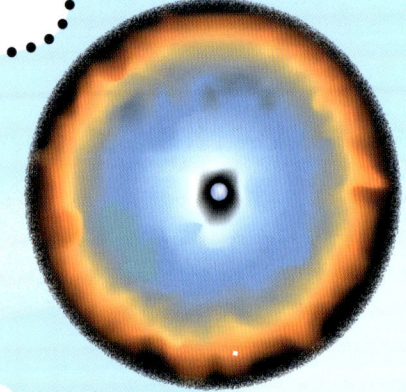

4 약 98퍼센트의 별이 백색 왜성이 된답니다.

2 태양만 한 별은 먼저 지름이 태양의 수십 배에 이르는 적색 거성으로 변해요.

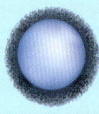

5 백색 왜성은 수조 년에 걸쳐 차가운 검은 점으로 식어 가 어두운 하늘에서 더 이상 빛나지 않아요.

백색 왜성을 이루는 물질 1티스푼의 무게는 13.5톤이에요.

태양보다 질량이 8배가 큰 별은
초신성 폭발을 일으켜요.

가장 최근에 지구에서 뚜렷하게 보인
초신성 폭발은 1604년에 일어났어요.

큰 별은 먼저 적색 거성이나
초거성이 되었다가
수백만 년 뒤에
폭발해요.

초신성 폭발은
일주일 이상 지속되고,
어떤 별보다도 환하게
빛나지요.

중성자별

초신성이 폭발하면
그 잔해는 거대한 기체
구름이 되고, 중심에는
중성자별이나 블랙홀이
생겨요.

블랙홀

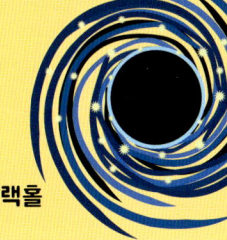

태양은 약 50억 년 후에 사라져요

하지만 폭발을 일으키며 사라지지는 않을 거예요.
그러기에는 너무 작거든요. 대신 수소를 다 쓰고 난 뒤
커다란 적색 거성이 되어 수성과 금성을 삼킬 거예요.

지구와도 엄청 가까워지겠지요.

태양은 바깥층이 점차 사라지면서 딱딱하고 밀도 높은 지구만 한 백색 왜성으로 변해요. 하지만 질량은 비슷할 거예요.

백색 왜성이 된 태양은 표면의 중력이 지구보다 10만 배 더 커지고, 온도는 지금보다 20배 더 뜨거워질 거예요. 그러다 열이 다 빠져나가고 더 이상 빛을 내지 않는 흑색 왜성이 되는 데는 수조 년이 걸린답니다.

빛이 태양에서 빠져나오려면 백만 년이 걸려요

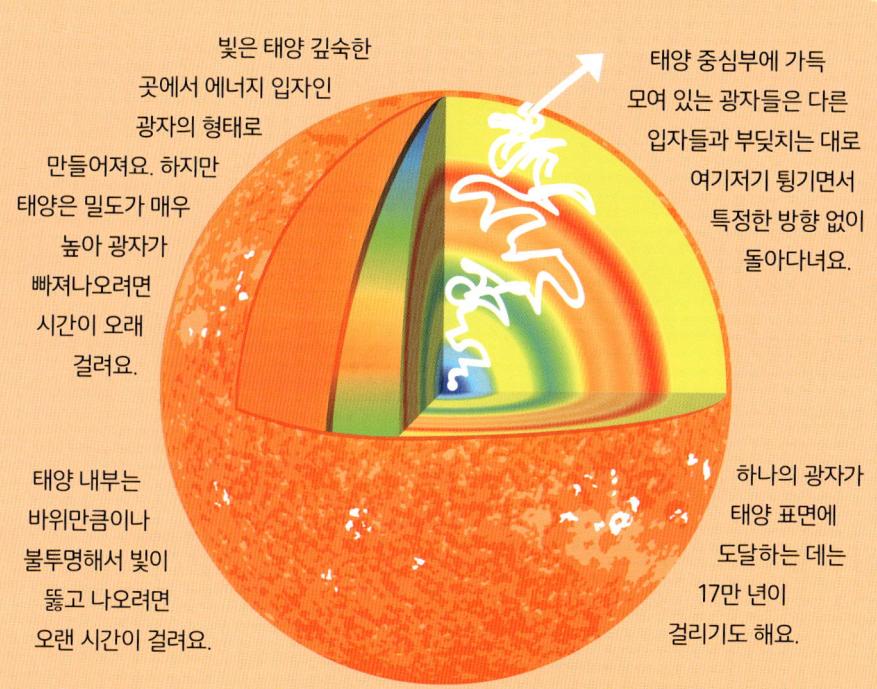

빛은 태양 깊숙한 곳에서 에너지 입자인 광자의 형태로 만들어져요. 하지만 태양은 밀도가 매우 높아 광자가 빠져나오려면 시간이 오래 걸려요.

태양 중심부에 가득 모여 있는 광자들은 다른 입자들과 부딪치는 대로 여기저기 튕기면서 특정한 방향 없이 돌아다녀요.

태양 내부는 바위만큼이나 불투명해서 빛이 뚫고 나오려면 오랜 시간이 걸려요.

하나의 광자가 태양 표면에 도달하는 데는 17만 년이 걸리기도 해요.

초신성은 폭발한 뒤 지름 10킬로미터의 구체로 변해요

작고 밀도 높은 별의 가운데 부분만 남고, 나머지는 흩어지기 때문이에요.

큰 별은 별을 이루던 원소들을 철로 융합시키고 나면 더는 살아가지 못해요. 이때 핵이 무너져 내리면서 생긴 강렬한 에너지로 별이 폭발해요.

뭉쳐진 별은 중심핵의 중력이 매우 세서 물질 사이의 공간이 모두 사라지고 단단한 물질로 변해요.

별의 핵이 태양 질량의 1.4~5배일 때는 중성자별로 변해요. 질량이 그보다 크면 블랙홀이 되지요.

중성자별 한 숟가락의 무게는 수천만 톤이에요

중성자별에서는 모든 공간이 압축되어 없어지고,
높은 압력 때문에 한데 뭉친 무거운 물질만 남아요.
심지어 원자 내부에도 공간이 없지요.

질량이 태양의 3배인 중성자별의 크기는 작은 도시와 비슷할 거예요. 하지만 질량은 별이었을 때와 거의 똑같아요.

중성자별은 매초 수백 회씩 매우 빠르게 회전해요.

태양의 표면은 표면이 아니에요

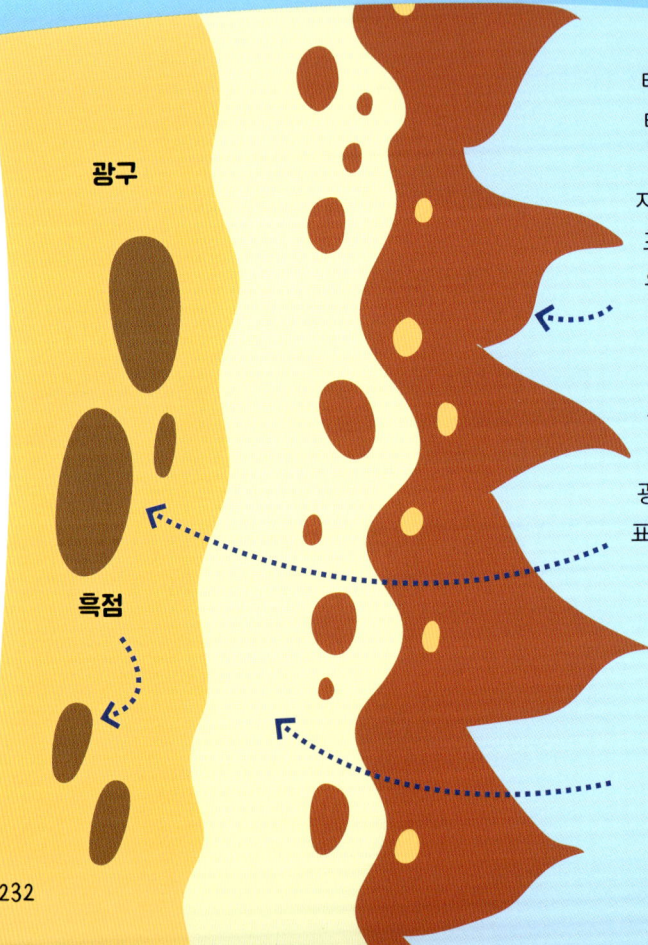

태양에는 표면이 없어요. 태양은 강력하게 압축된 거대한 기체 덩어리로, 지구처럼 뚜렷하고 단단한 표면이 없기 때문이에요. 우리는 태양의 바깥층을 표면이라고 일컫지요.

우리가 볼 수 있는 태양 대기의 가장 안쪽 층은 광구라고 하며, 이 부분을 표면으로 여겨요. 광구에는 흑점이 나타난답니다.

태양의 표면은 자세히 보면 끓는 물처럼 부글거리고, 끊임없이 움직이면서 변화해요. 다른 별들의 표면도 비슷해 보일 거예요.

은하에는 1억 개의 중성자별이 있어요

어떤 별들은 빛을 방출하지 않아서 보이지 않지만, 지금까지 초신성이 된 별의 개수를 알면 중성자별의 개수도 계산할 수 있어요.

중성자별은 에너지를 만들지 않지만 표면이 섭씨 60만 도로 뜨거울 수도 있어요.

납작해진 기분이야!

중성자별의 표면 중력은 지구의 2,000억 배이고, 자기장은 지구의 1억~1,000조 배에 이르러요. 우리가 중성자별에 간다면 중력 때문에 스티커처럼 납작해질 거예요.

태양풍은 뜨겁게 휘몰아쳐요

태양풍은 태양의 코로나가 우주로 확장하면서 계속 뿜어내는 전자, 광자 같은 대전 입자(전기를 띄고 있는 입자)의 흐름으로, 태양에서 우주로 불어요.

태양풍은 지구에서 부는 바람과는 전혀 다르답니다. 초속 900킬로미터로 몰아치며 온도는 섭씨 100만 도에 이르지요. 혜성이 태양풍을 맞으면 꼬리를 길게 늘어뜨린 채 태양에서 멀어져요. 그래서 혜성이 어느 쪽으로 움직이든, 혜성의 꼬리는 태양의 반대편을 향해요.

별은 거대한 구름에서 태어나요

먼지와 기체로 이루어진 거대한 구름이 한데 모여 덩어리가 되고,
이 덩어리의 중력이 서로를 끌어당기면서 별이 만들어져요.

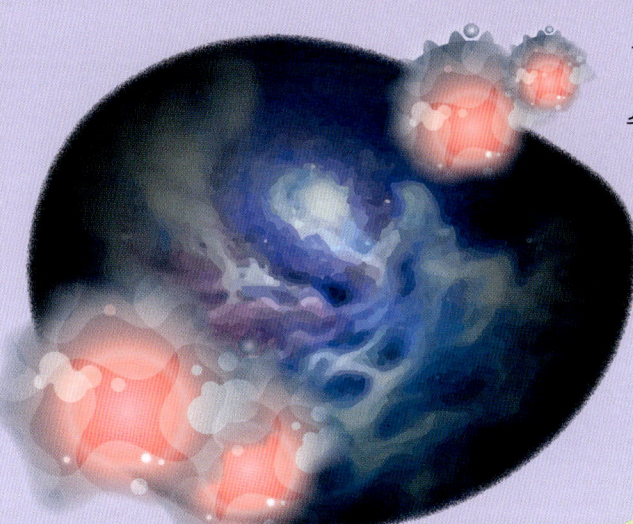

모든 별은 같은 성분에서 시작돼요. 헬륨이 1일 때 수소는 약 4분의 3 비율로 섞이고, 다른 화학 물질이 조금 더해지지요.

별은 일생 동안 수소로 헬륨을 만들어요.
따라서 수소는 점차 줄어들고 헬륨은 점점 늘어나지요.

기체 덩어리는 물질들을 끌어당겨 밀도를 점점 높이다가 마침내 수소로 핵융합 반응을 일으키며 별이 되어요.

반짝반짝 작은 별?
반짝반짝 거대 별!

어떤 별이 가장 큰지 정확히 말하기는 어렵지만 지구에서 5,300광년 떨어진 '백조자리 NML'은 강력한 후보예요. 이 별은 태양 지름보다 1,642~2,775배 더 크답니다.

백조자리 NML이 태양보다 대략 2,000배 크다고 가정해 태양이 있는 자리에 이 별을 놓는다면 천왕성 궤도까지 차지할 거예요.

피스톨은 가장 밝은 별 가운데 하나예요. 태양보다 1,000만 배까지 밝게 빛나지만 엄청난 양의 방사능을 쏟아 내기 때문에 행성이 있더라도 생명체는 살지 못할 거예요.

밝은 별이 가까운 별은 아니에요

오래전에 사람들은 어느 별이든 지구까지의 거리는 똑같다고 생각했어요. 뒤집어 놓은 그릇 안쪽에 별들을 그려 우주라고 상상해 보면 쉽게 이해할 수 있지요.

이제는 별이 우주 저 멀리에 펼쳐져 있고, 거리도 각각 다르다는 사실을 알아요.

별의 위치를 밝기로 알 수는 없어요. 작고 어둡지만 가까이 있을 수도 있고, 크고 밝지만 멀리 있을 수도 있어요.

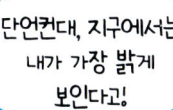

단언컨대, 지구에서는 내가 가장 밝게 보인다고!

프록시마 켄타우리는 지구에서 가장 가까운 별이지만 밝지 않아요. 지구에서 가장 밝은 별에 속하는 시리우스는 지구에서 7번째로 가까운 별로, 8.7광년 떨어져 있어요.

우리가 볼 수 있는 별은 모두 우리 은하에 있어요

우리 은하는 우주에 있는 1,000억 개의 은하 중 하나예요. 은하는 저마다 별로 들어차 있지요.

오리온자리

우리 은하는 밝은 별이 가득한 데다 무척 커서 그 밖에 있는 별들은 알아볼 수 없어요.

안드로메다자리

하지만 밤하늘에 보이는 별이 모두 우리 은하에 있는 별은 아니에요. 오리온자리의 세 별 아래에 있는 별과 안드로메다자리의 별 하나는 성운으로, 별이 아니라 우리 은하 밖에 있는 온전한 은하이지요. 이 성운들에 있는 수천억 개의 별에서 나온 빛이 모여 우리 눈에 흐릿한 빛의 무리로 보여요.

안드로메다은하는 우리 은하에서 250만 광년 거리에 있는 가장 가까운 은하예요.

태양에는 뾰족뾰족한 보호막이 있어요

태양 표면 위 채층에는 기체 기둥인 '스피큘'이 있어요.

실처럼 가느다랗게 솟아오르는 스피큘은 지름이 500~1,000킬로미터이고 길이가 1만 킬로미터에 달하기도 해요.

스피큘은 태양 표면에서 초속 96킬로미터, 시속 32만 킬로미터 이상의 속도로 솟구쳐요. 솟아오른 스피큘은 5~10분 정도 지속되는데, 태양 표면에는 언제나 약 1,000만 개의 스피큘이 솟구쳐 있어요.

태양도 처음에는 희미했어요

태양과 같은 별은 오래될수록 더 밝아져요. 태양이 처음 만들어졌을 때는 밝기가 지금의 70퍼센트 정도였어요.

하지만 지구와 화성을 생각하면 약간 의아해요. 태양이 에너지를 3분의 1가량 적게 내보냈다면 지구와 화성은 너무 추워서 액체 상태의 물이 없었을 텐데, 두 곳 모두 오래전부터 물이 풍부했거든요.

초기 지구

초기 화성

예, 사령관님! 지구와 화성에서 물이 발견되었습니다.

약 40억 년 전, 지구에 생명체가 처음 나타났을 때부터 지구에는 물이 분명히 있었어요. 하지만 어떻게 물이 생겼는지는 아직도 수수께끼이지요.

별은 천천히 서로 다른 방향으로 움직여요

밤이면 별이 함께 원을 이루어 움직이는 것처럼 보여요.
하지만 지구의 자전 때문에 그렇게 보일 뿐이에요.

사실 별들은 제각각 움직이고 있어서 지구에서
멀어지는 별도 있고, 지구로 다가오는 별도 있지요.
대신 서로 거리를 유지하며 움직인답니다.

우리와 가까운 별은 많이 움직이는 것처럼 보여요.
같은 거리를 움직여도 가까운 탓에 더 크게 보이기 때문이에요.

별이 움직인다고 처음으로 밝힌 에드먼드 핼리는 1718년에 고대 그리스인들이 묘사한 별의 위치가 달라진 것을 발견했어요. 2,000년에 걸쳐 아주 조금 달라졌을 뿐인데, 그걸 알아챈 거예요!

올해에도 아기 별 7개가 태어날 거예요

우리 은하에서요!

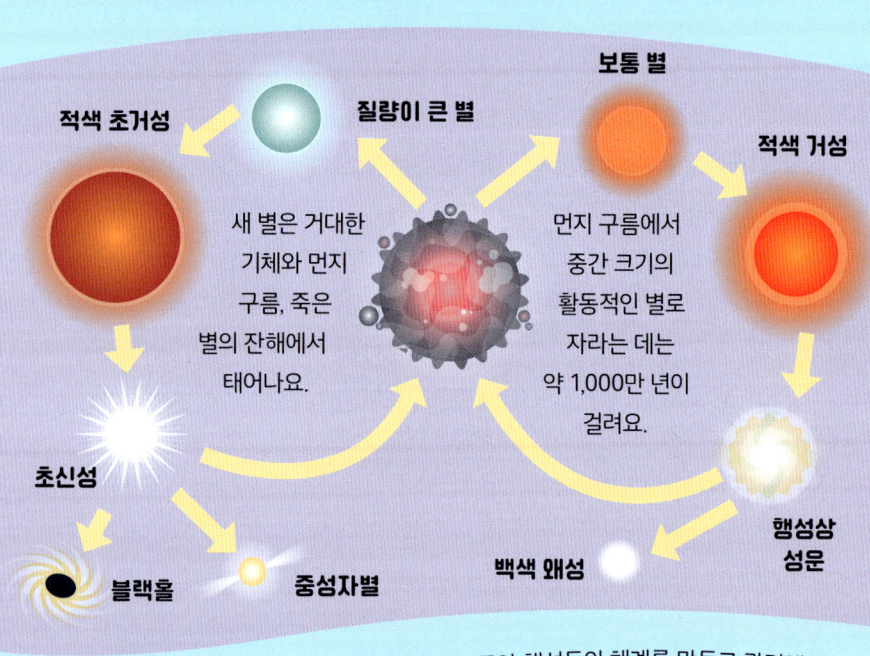

태양에는 초대형 회오리바람이 불어요

태양의 대기에서는 1만 1,000개나 되는 거대한 회오리바람이 휘몰아치기도 해요. 이 바람이 코로나의 온도를 극도로 뜨겁게 만들지요.

태양 표면이 폭발하면서 태양의 물질이 우주로 튀어 나가는 현상을 '플레어'라고 해요. 보통의 플레어에 비해 10억분의 1만큼의 에너지만 가진 플레어는 '나노 플레어'라고 하는데, 위력이 어마어마해서 10메가톤급 수소 폭탄과 맞먹어요. 게다가 1초에 수백만 번 생겨나지요.

폭발은 태양 표면에 열과 혼란을 더해요!

아기 별은 천천히 자라요

태양은 먼지와 기체 구름에서 어엿한 항성으로 자라는 데 1,000만 년이 걸렸어요. 수명이 100억 년 정도이니 성장기의 1,000배를 살 거예요.

훨씬 더 빨리 자라는 별도 있어요. 어떤 별들은 7만 5,000년 만에 성장한답니다.

이 동네에서는 내가 가장 큰 별이야!

하지만 난 너보다 훨씬 오래 살 거야.

작은 별보다 아주 큰 별이 오히려 더 빨리 자라요. 작은 별은 천천히 자라면서 오랫동안 편안한 삶을 누리지만 큰 별은 빠르게 자라면서 치열하게 삶을 즐기다가 일찍 사라져요.

안드로메다은하와의 충돌은 피할 수 없어요

우리 은하와 가장 가까운 안드로메다은하는 점차 거리를 좁혀 오고 있어요.

안드로메다은하는 초속 110킬로미터로 우리를 향해 오고 있어서 약 40억 년 후에 우리 은하와 충돌할지도 몰라요.

별들 사이에는 공간이 많아서 부딪히기보다는 자연스럽게 합쳐질 수도 있어요.

이때 은하 3개가 충돌할 수도 있어요. 또 다른 은하인 삼각형자리은하도 같은 방향으로 움직이고 있기 때문이에요. 합쳐질 은하의 이름은 밀코메다 혹은 밀크드로메다로 이미 정해졌답니다.

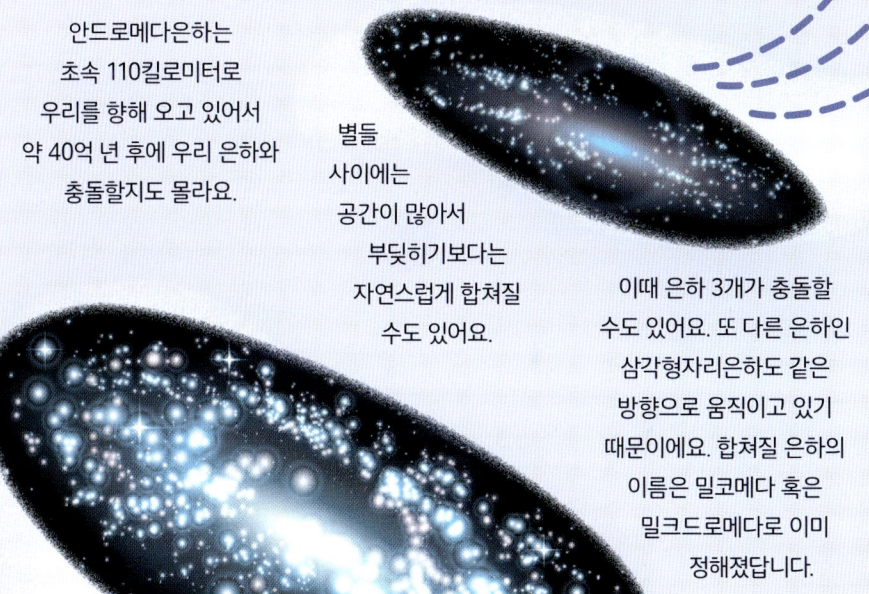

별은 낮에도 그 자리에 있어요

다만 태양이 너무 밝아서 드러나지 않을 뿐이에요.

달에서 촬영한 사진 속 하늘에는 별이 보이지 않아요.
가까운 지구가 반사하는 햇빛이 너무 많아
별빛을 덮어 버리기 때문이에요.

달에서 보는 지구는
지구에서 보는 달보다
훨씬 밝게 빛나요.
지구가 달보다 훨씬
크기 때문이에요.

우주 비행사들이 우주에서 태양과 지구와 달을
등지면 더 많은 별을 볼 수 있어요.
별빛을 흡수할 대기가 없기 때문이지요.

한 별자리의 별들이 아주 멀리 떨어져 있기도 해요

같은 별자리에 속한 별들은 서로 가까워 보이지만 실제로도 가깝지는 않아요.

3차원 공간인 우주에서 별들은 나란히 늘어서 있지 않아요. 사람들이 여러 별들을 묶어 별자리로 부르지만 사실은 따로 멀리 떨어져 있는 별들이거든요. 밤하늘만 보고 별들의 거리를 알 수는 없답니다.

알카이드, 210광년

예를 들어 큰곰자리에 있는 두 별, 두베와 메라크는 각각 지구에서 123광년, 78광년 떨어져 있어요.

두베, 123광년

펙다, 90광년

미자르, 88광년

메라크, 78광년

알리오스, 68광년

메그레즈, 63광년

별은 따로따로 움직이기 때문에 시간이 지나면서 별자리의 형태도 변해요. 10만 년 뒤, 남십자자리는 십자 형태가 아니라 2개의 나란한 직선 형태가 될 거예요.

갈색 왜성은 별이 되지 못해요

갈색 왜성은 초대형 행성도
초소형 별도 아닌 그 중간쯤 되는 천체예요.

갈색 왜성은 대개 질량이
목성의 2배가 넘지만
태양의 질량에는
10분의 1에도 못 미쳐요.

갈색 왜성은 밝게 빛나지
않는 탓에 발견하기가
매우 어려워요. 하지만
적외선 망원경으로는
볼 수 있답니다.

핵융합 반응이 일어나기에는 너무 작고,
행성이 되기에는 너무 커요.

갈색 왜성의 수는
열심히 활동 중인
별들만큼이나
많을 거예요.

갈색 왜성은 온도가 우리 체온보다도 낮아요

우주에서 가장 온도가 낮은 별, 아니 별에 가까운 천체이지요.

갈색 왜성도 처음에는 약간의 핵융합 반응을 일으키지만 몇백만 년이 지난 뒤에는 활동을 멈춰요. 그러고 나면 중력으로 인한 수축이 왜성이 열을 발생시키는 유일한 방법이지요.

갈색 왜성은 3종류가 있어요.

지구에서는 여름인데, 집에 가고 싶다.

햇빛 아래에서 하루를 보내고 싶으면 저 갈색 왜성에 들르는 건 어때?

가장 뜨거운 갈색 왜성의 표면 온도는 섭씨 750도에 이르지만, 가장 낮은 곳은 섭씨 25도예요. 그 정도면 우리가 쾌적하다고 느끼는 온도이지요.

우리 은하

우리 은하는 원반 모양이에요.
지름은 10만 광년이지만,
두께는 겨우 1,000광년이지요.

우리 은하는 나선 은하예요. 즉, 소용돌이치는
원형에 우주로 뻗은 팔이 있다는 뜻이지요.

태양계는 우리 은하의 중심에서 뻗어 나온 거대한 나선 팔에 자리하고 있어서 은하 중심에서 2만 8,000광년 떨어져 있어요.

태양에서 해왕성 궤도까지 태양계 전체가 지름 2.5센티미터라면 우리 은하는 미국만큼 넓어요.

태양은 시속 82만 8,000킬로미터로 우리 은하의 중심을 돌고 있어요. 한 번 도는 데 2억 3,000만~2억 4,000만 년이 걸린답니다.

우리 은하에는
4,000억 개의 별이 있어요.

1610년에 망원경으로
관찰하기 전까지는 누구도
우리 은하가 수많은 별이
모인 띠 형태라는 사실을
몰랐어요.

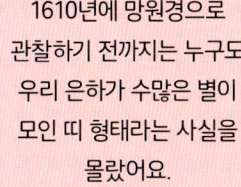

은하들의 집단은 '국부 은하군'이라고 불러요.
우리 은하는 이 국부 은하군에 속하지요.

앞으로 10억~1조 년 사이에
우리 은하와 국부 은하군의
다른 은하들이 합쳐져
하나의 초대형 은하가
될 거예요.

두 왜소 은하가 지금 우리 은하와 합쳐지고 있어요.
하지만 우리에게는 아무런 영향도 미치지 않아요.

우리 은하 중심에는 아마도
거대한 블랙홀이 있을 거예요.

6. 미지의 공간, 우주

대폭발과 함께 시작된 우주

우주의 시작을 '빅뱅'이라고 불러요.

1초 **3분**

물질의 첫 번째 부분, 원자의 중심인 원자핵이 첫 3분 만에 나타났어요. 거의 수소와 헬륨으로 이루어져 있었지요.

빅뱅은 쾅 하고 터지는 폭발 소리도 없이 일어났어요.

눈에 띄는 폭발도 없었어요. 당시에는 지켜볼 생명체도 없었겠지만요.

모든 것이 티끌만 한 점에서 자몽 크기로 팽창했어요. 단 0.0000000000000000000000000000000001초 만에요!

이 시간 동안 우주는 90차례에 걸쳐 2배씩 팽창했답니다.

우주의 모든 공간, 시간, 물질, 에너지가 한순간에 만들어졌어요.

처음으로 빛이 나타났어요. 천문학자들은 지금도 그 일부를 추적하고 있어요.

38만 년

전자와 원자핵이 결합하며
최초의 원자들이 만들어졌어요.
원자는 화학 원소를 만드는
가장 작은 입자를 말해요.

10억 년

무리를 이루고 있던 물질들이
덩어리로 엉겨 붙기 시작했고,
이 덩어리가 은하와 별과
행성이 되었어요.

150억 년

빅뱅 이전에 무엇이
존재했는지, 혹은
우주 밖에 무엇이
존재했는지
아무도 몰라요.

은하의 형태는 다양하지만
은하가 소용돌이치면서
만들어진 나선형 팔을
가진 경우가 많아요.

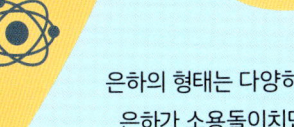

별은 지금도 빅뱅
이후 몇 분 만에
만들어진 수소와
헬륨을 연료로
살아가요.

우리가 바라보는 우주는 과거의 우주예요

하늘에 있는 먼 물체의 빛이 우리에게 닿으려면 매우 오랜 시간이 걸려요. 만약 우리가 5만 광년 떨어진 별의 빛을 본다면 그 빛은 5만 년 전에 그 별을 떠나온 빛이에요.

우리는 밤하늘에서 323년 전의 북극성을 봐요. 북극성이 323광년 떨어져 있기 때문이에요. 북극성이 지금 폭발한다면 우리는 323년이 지나야 그 사실을 알 수 있어요.

6,700만 광년 떨어져 있는 외계인이 초강력 망원경으로 지구를 본다면 공룡이 어슬렁거리는 행성을 볼 거예요. 6,700만 년 전 과거를 볼 테니까요!

우주는 2억 년 후에
큰 생일을 맞이해요

우주는 약 138억 살이니, 2억 년이 지나면 140억 살이 된답니다.

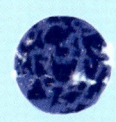

최초의 별은 빅뱅이 일어나고
1억 8,000만 년 뒤에 나타났을 거예요.
칠흑 같던 우주에 나타난 최초의 빛이었지요.

최초의 별은 남아 있지 않겠지만, 그 별에서 나온 빛은
아직도 우주를 가로지르고 있어요.

우주는 여전히 팽창하고 있어요

빅뱅이 일어나면서 시간과 공간이 탄생했어요.
그 후 우주는 갑자기 커지게 되었지요.

우주의 빈 공간은
우주의 물질들을 밀어 내며
그 사이로 나타났어요.

풍선에 별을 그린 뒤
바람을 불어 넣으면,
별들이 어떻게 멀어지는지
확인해 볼 수 있어요.

빅뱅으로부터 50~60억 년이 흐른 뒤에,
우주가 팽창하는 속도가 빨라졌어요.
우주는 점점 더 빠르게 커지고 있지요.

우주가 그림의 빨간 선처럼
일정한 속도로 팽창했다면
지금처럼 커지지
않았을 거예요.

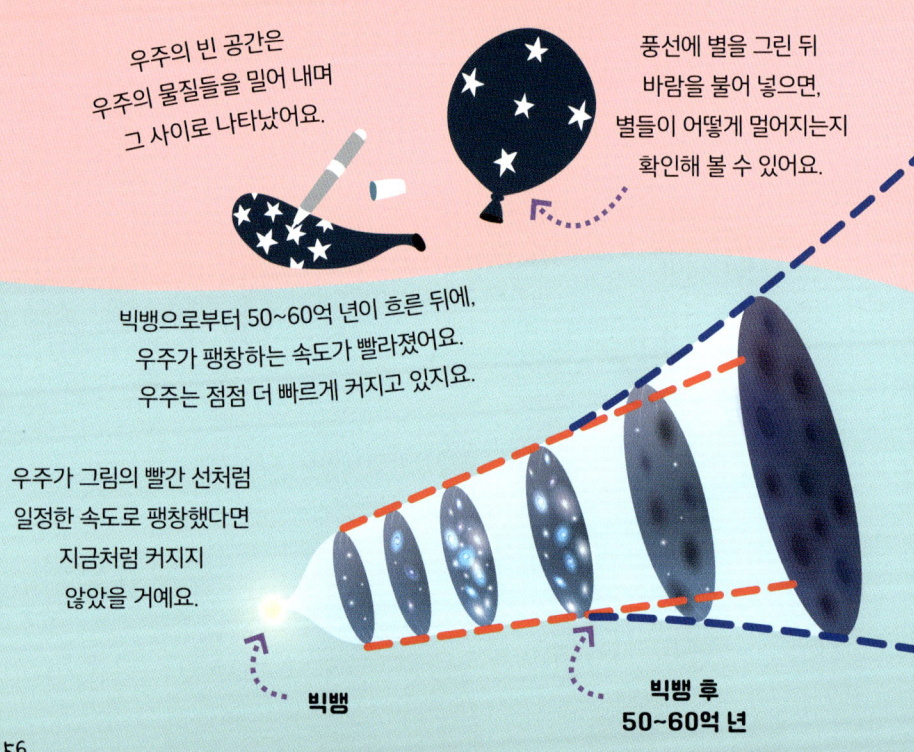

빅뱅

빅뱅 후
50~60억 년

허블 우주 망원경으로 멀리 떨어진 은하를 볼 수 있어요 단, 명왕성은 빼고!

허블 망원경은 7,200만 광년 떨어진 은하의 환상적인 모습을 이모저모 보여 주어요. 하지만 명왕성은 허블 망원경으로도 흐릿한 점처럼 보이지요.

허블 망원경으로 볼 수 있는 범위는 대상의 크기, 대상이 만들어 내는 빛의 양, 대상까지의 거리에 따라 달라져요. 5만 광년 떨어진 은하는 크기가 명왕성의 40억 배예요. 게다가 은하에는 빛을 뿜어내는 별들이 가득하지만, 명왕성은 햇빛을 조금만 반사할 뿐이지요.

명왕성

먼 은하

명왕성이 지구와 가장 가까워질 때면 그 거리가 5광년밖에 되지 않아요. 먼 은하는 명왕성보다 740억 배 더 멀지요.

실시간으로 관찰된 유일한 초신성

2008년, 나사의 한 천문학자는 우주를 보다가 폭발하는 초신성을 우연히 보았어요.

물론 8,800만 광년 떨어진 초신성이었으니 폭발하는 순간을 본 것은 아니에요.

별을 구성하는 물질은 초속 1만 킬로미터로 폭발했어요. 거의 시속 3,600만 킬로미터에 달하는 속도이지요.

초신성 폭발은 이미 수천 번 관찰됐지만 모두 폭발이 있고 며칠 또는 몇 주 뒤였어요. 초신성 폭발의 첫 5분을 포착한 것은 처음이었지요.

우리는 관측 가능한 우주의 한가운데에 있어요

관측 가능한 우주는 우리가 과학 기술을 이용해 볼 수 있는 우주를 말해요. 지구를 중심으로 공 모양이라 모든 방향으로 같은 거리를 볼 수 있어요.

관측 가능한 우주의 지름은 930억 광년이에요. 하지만 이 우주 밖에 얼마나 더 큰 우주가 있는지는 전혀 알지 못해요. 우리는 아주 작은 우주만 보는 것일 수도, 우주 대부분을 보는 것일 수도 있어요.

블랙홀은 구멍이 아니에요

구멍은 아무것도 없는 빈틈으로,
구멍보다 작은 물건이 빠질 수 있어요. 하지만 블랙홀은
아무것도 없는 것이 아니라 더 많은 것이 있어요.

블랙홀은 물질이 너무 압축되어
물질 사이 틈이 전혀 없는
공간이에요. 심지어 원자
내부에도 틈이 전혀 없지요.

날 계속 끌어당겨!

질량을 가진 물체는 중력을
가지기 마련이에요. 블랙홀은
질량이 큰 만큼 중력도 크지요.

블랙홀은 가까이 있는 건 무엇이든
끌어당겨 다른 물질들과 함께
압축시켜요. 그렇게 해서
계속 커지지요.

우리 은하 한가운데에 블랙홀이 있어요

우리 은하 중심에는 아주 큰 블랙홀이 있어요.
이 블랙홀의 이름은 궁수자리A*예요.

우리 은하에는 그보다 작은 블랙홀이 1억 개 이상 있어요. 2번째로 큰 블랙홀의 질량은 태양보다 10만 배 크지요.

가운데는 피해 가세요, 선장님!

모든 은하의 중심에는 별보다 수백만 혹은 수십억 배 무거운 거대한 블랙홀이 있을 거예요. 블랙홀은 물질들을 계속 끌어당겨 더욱 커지지요.

* 읽을 때는 'A별'이라고 읽어요.

태양이 블랙홀로 변해도 지구는 끌려들어 가지 않아요

지구는 평소처럼 블랙홀이 된 태양 주변을 공전할 거예요.

블랙홀 가장자리를 '사건의 지평선'이라고 불러요. 끌려들어 가는 것을 더는 피할 수 없는 지점이지요. 블랙홀로 변한 태양으로 빨려 들어가지 않으려면 10킬로미터만 떨어져 있으면 돼요.

사건의 지평선

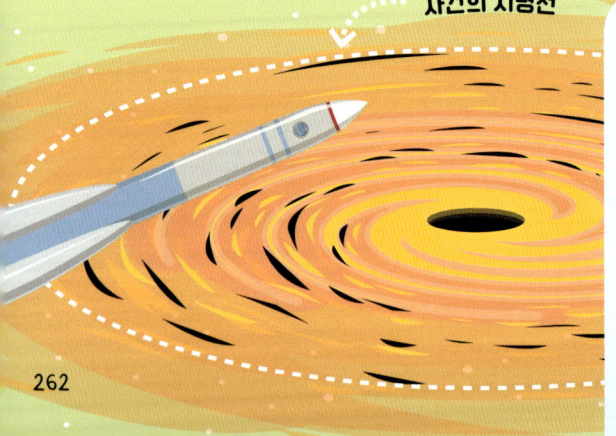

사건의 지평선 범위는 블랙홀의 질량에 따라 달라져요. 블랙홀의 중력은 같은 질량을 가진 별의 중력과 같아요. 블랙홀과 같은 중력을 가진 별에게 영향을 받지 않는 거리만큼 떨어져 있는 블랙홀은 안전해요.

빅뱅의 섬광은 37만 8,000년 늦게 보였어요

빅뱅이 일어났을 때 큰 섬광은 없었지만,
38만 년 뒤에 강렬한 방사능 폭발이 생겼어요.

그전까지 특정한 방향 없이 돌아다니던 광자들은 방사능 폭발 이후 가시광선이 아닌 마이크로파의 형태로 똑바로 줄지어 빛의 속도로 퍼져 나가기 시작했어요. 이 파장을 '우주 배경 복사'라고 해요.

빅뱅
광자
우주 배경 복사

구름 속이 잘 보이지 않는 것처럼
38만 년 전의 우주는 불투명했어요.

천문학자들은 우주에서 돌고 있는 무언가를 지켜보다가 블랙홀을 발견했어요

캄캄한 공간에서 블랙홀을 알아보는 것은 불가능해요.
블랙홀은 그저 검은 구멍처럼 보이니까요.

우리가 망원경으로 블랙홀을 볼 수는 없지만
블랙홀이 있는 곳을 추측할 수는 있어요.

별이나 다른 물체들이 하늘의 한 지점을
돌며 빨려 들어가는 것처럼 보이면, 그곳에
블랙홀이 도사리고 있을지도 몰라요.

블랙홀로 빨려 들어간
물체는 점점 더 빠르게
움직이면서 주변 물질과
마찰을 일으켜요.

물체가 블랙홀로 사라지기
전에 방사능이 순간적으로
치솟아요. 작별 인사인
셈이지요. 이 방사능 폭발로
블랙홀이 숨어 있는 곳을
알 수 있어요.

우주에서 온 최초의 전파는 비둘기 때문에 오해받았어요

1964년, 전파 천문학자 2명이 무선 신호에 잡히는 잡음이 무엇인지 찾아 해결하려고 했어요.

잡음이 기술적인 문제거나 전파 방해라고 추측하다 기계 장치 안에 둥지를 튼 비둘기들 때문일 거라고 생각했지요. 그래서 비둘기를 내쫓았지만 여전히 이상한 소리가 들려왔어요. 그러다 마침내 '쉭쉭'하는 소리가 빅뱅의 메아리인 우주 배경 복사라는 사실을 알게 되었지요.

그때 비둘기를 잡는 데 쓰인 덫은 지금 미국 워싱턴의 스미스소니언 국립 항공 우주 박물관에 전시되어 있어요.

블랙홀은 크기가 다양해요

'원시 블랙홀'은 크기가 원자와 같거나 원자보다 작아요.

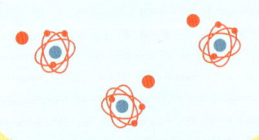

'항성 질량 블랙홀'은 거대한 별이 초신성 폭발로 붕괴한 뒤에 만들어져요.

'초거대 질량 블랙홀'은 은하 중심에 존재해요. 항성 질량 블랙홀보다 수십억 배 크기도 해요.

'중간 질량 블랙홀'은 왜소 은하의 중심에 있을 수도 있지만, 왜소 은하가 너무 멀고 희미해서 보기 어려워요. 그만큼 발견하기 쉽지 않은 블랙홀이지요.

우주에도 종말이 올까요?

**우주는 계속 팽창하면서 공간을 늘리고 있어요.
우주의 끝이 어디인지는 아무도 몰라요.**

우주는 점점 더 빠르게 팽창하다가
암흑 에너지에 의해 산산이 부서져
버릴 수도 있어요.

하지만 걱정하지 말아요.
무슨 일이든 빨라야
28억 년 뒤에 일어날
거예요. 아무 일도 일어나지
않을 수도 있고요.

우주가 계속 팽창해 물질 사이가 멀어지면서
멈춰 버릴 수도 있어요. 우주의 열에너지가
줄어들다 가장 낮은 온도까지 떨어져 아무런
움직임이 없어지는 거예요. 또는 우주의 질량이
늘어나 팽창이 멈추면서 빅뱅과는 반대로 모든 것이
충돌해 하나로 뭉쳐질지도 몰라요.

우주는 고무공?

만약 우주가 한 점에서부터 대폭발이 일어나 생긴 것이 아니라 고무공이 쪼그라들었다가 늘어나는 것처럼 수축과 팽창을 반복하고 있다면 대폭발이 여러 차례 일어날 수도 있어요.

대폭발이 반복된다면 138억 년 전에 나타난 빅뱅은 '시작'이 아니라 단지 한 '차례'일 뿐이에요. 다른 빅뱅으로 태어난 우주에서는 시간, 공간, 물질, 물리학 법칙이 완전히 다를 수 있지요.

다시 빅뱅(대폭발)이 순서대로 반복돼요.

빅뱅(대폭발)

보통 우주

수축하는 우주

우주가 다시 수축하면 심지어 안팎이 뒤집힐 수도 있어요. 첫 폭발과 팽창이 순식간에 일어났던 것처럼, 중력이 모든 것을 끌어당기는 수축도 순식간에 일어날 거예요.

외계인에게 전파 메시지를 보냈어요

1974년, 천문학자들이 푸에르토리코에서 우리 은하의 가장자리에 있는 M13 성단을 향해 전파 메시지를 쏘아 보냈어요. 별들의 무리를 '성단'이라고 해요.

사람들은 외계인들에게 우리의 존재를 알리려고 간단한 그림을 그려 역사상 가장 강력한 전파로 '인사'를 건넸어요.

M13은 30만 개의 별이 모인 성단으로, 지구에서 2만 5,000광년 떨어져 있어요. 누군가가 메시지를 받고 답을 보내더라도 우리는 5만 년 동안 받지 못하지요. 그런데 단 한 번, 3분 동안 보내진 메시지를 받은 외계인이 과연 있을까요?

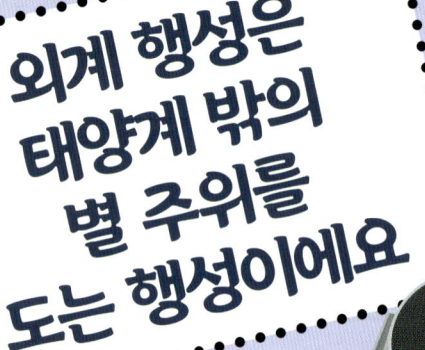

외계 행성은 태양계 밖의 별 주위를 도는 행성이에요

1917년에 촬영된 사진이 처음으로 외계 행성의 존재를 증명했지만, 90년 동안 그 가치를 인정받지 못했어요.

우주에 있는 천체 망원경인 케플러 우주 망원경이나 제임스 웹 우주 망원경으로 생명이 살기에 적당한 외계 행성을 찾고 있어요.

우리 은하계 밖에는 1조 개가 넘는 외계 행성이 있을 거예요.

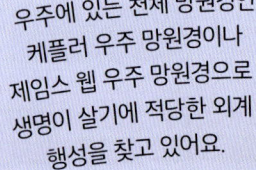

지금까지 약 4,000개의 외계 행성이 발견되었어요.

외계 행성은 암석형 행성, 얼음 행성, 바다 행성, 차가운 기체 행성, 뜨거운 기체 행성, 용암 행성 등 다양해요.

게자리 55 별은 반은 단단하고 반은 녹아 있어요.

외계 행성은 대개 목성이나 토성과 같은 기체 행성이에요.

우리와 가장 가까운 별인 프록시마 켄타우리는 4.2광년 떨어진 외계 행성이에요.

HR 2562 b는 지금껏 발견된 외계 행성 중에서 가장 무거워요. 목성보다 30배나 무거운데, 행성이라기에는 너무 커서 갈색 왜성일 수도 있어요.

외계 행성의 1년은 지구 시간으로 몇 시간에서 수천 년에 이르기까지 매우 달라요.

어머나, 생일이 또 돌아왔네.

태양계를 깜짝 방문한 천체가 있어요

2017년 말, 우리 은하에 있는 다른 항성계의 소행성이 태양계로 쌩 들어와 태양을 한 바퀴 돈 뒤 밖으로 다시 나갔어요.

이 천체는 길이 230미터, 폭 35미터 크기의 암석 파편으로, '정찰병'을 뜻하는 하와이어 '오우무아무아'라는 이름이 붙었어요.

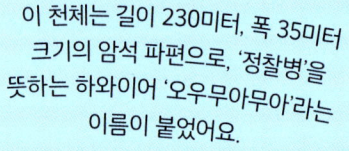

외계 소행성이 화성과 지구, 수성, 금성을 지나 태양의 뒤를 돌아 멀어질 때까지 아무도 눈치채지 못했지요.

국제 천문 연맹은 멀리에서 온 소행성을 일컫는 새로운 분류를 만들어 '성간 천체'라고 이름 지었어요.

별의 밝기를 관찰하면 행성을 발견할 수 있어요

행성이 별 앞을 지날 때면 별에서 나오는 빛을 조금 가려요. 마치 전구 앞에서 손을 들면 불빛이 가려지는 것처럼요.

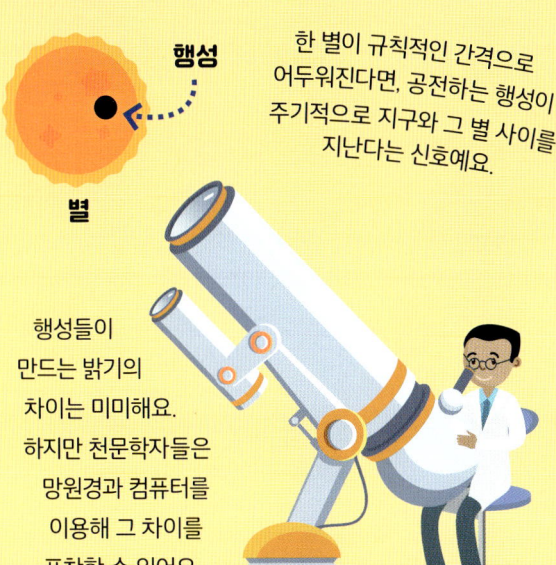

행성

별

한 별이 규칙적인 간격으로 어두워진다면, 공전하는 행성이 주기적으로 지구와 그 별 사이를 지난다는 신호예요.

행성들이 만드는 밝기의 차이는 미미해요. 하지만 천문학자들은 망원경과 컴퓨터를 이용해 그 차이를 포착할 수 있어요.

지구와 별 사이의 직선에 놓인 행성들만 관찰돼요. 행성의 위치가 너무 높거나 낮아서 별빛을 가리지 못하면 행성이 있는지 알지 못하지요. 그러다 보니 외계 행성 100개 중에 1개 정도만 발견돼요.

소행성이 지구를 파괴할 수도 있어요

하지만 이런 일이 수백 년 안에 일어날 확률은 전혀 없어요.

소행성이 다가오는 것을 발견한다면 소행성의 경로를 바꾸거나 날려 버릴 수 있어요. 하지만 소행성이 태양을 등지고 빠르게 다가오거나 태양계 밖에서 아무런 경고 없이 올 수도 있지요.

2017년 1월, 중형 소행성이 지구와 달 사이를 지나갔어요. 천문학자들은 이틀 전까지도 소행성을 발견하지 못했어요. 만약 충돌했다면 원자 폭탄 35배 정도의 폭발을 일으켰을 거예요.

우주는 아주아주 추워요

먼 태양계의 온도는 약 섭씨 영하 270.5도예요.

우주에서 가능한 낮은 온도는 섭씨 영하 273.15도로, 이 온도를 '절대 영도'라고 해요. 바로 그 지점에서 물질의 모든 입자가 움직임을 멈추기 때문에 이보다 온도가 낮아질 수는 없어요.

서둘러! 저 별 옆이 훨씬 따뜻해!

모든 우주가 꽁꽁 얼어붙게 춥지는 않아요. 별들 사이의 기체나 별에서 부는 태양풍(입자의 흐름)은 매우 뜨거워지기도 해서, 수천에서 수백만 도에 이를 수 있지요.

태양과 지구 사이의 우주 공간을 온도계로 잰다면 평균 온도는 섭씨 7도 정도 될 거예요.

블랙홀은 화이트홀로 가는 터널일 수 있어요

천문학자 대부분이 블랙홀로 빨려 들어간 물질은 압축되고 파괴된다고 생각해요. 하지만 블랙홀이 또 다른 우주로 가는 터널이라는 의견도 있어요.

그렇다면 블랙홀이 빨아들인 물질이 화이트홀로 빠져나올 수도 있어요. 블랙홀에서 화이트홀로 연결된 통로를 '웜홀'이라고 해요.

블랙홀

우리 우주는 다른 우주의 화이트홀 끝에 자리하고 있는지도 몰라요.

또는 웜홀로 연결된 우주 어딘가에 있는지도 모르지요.

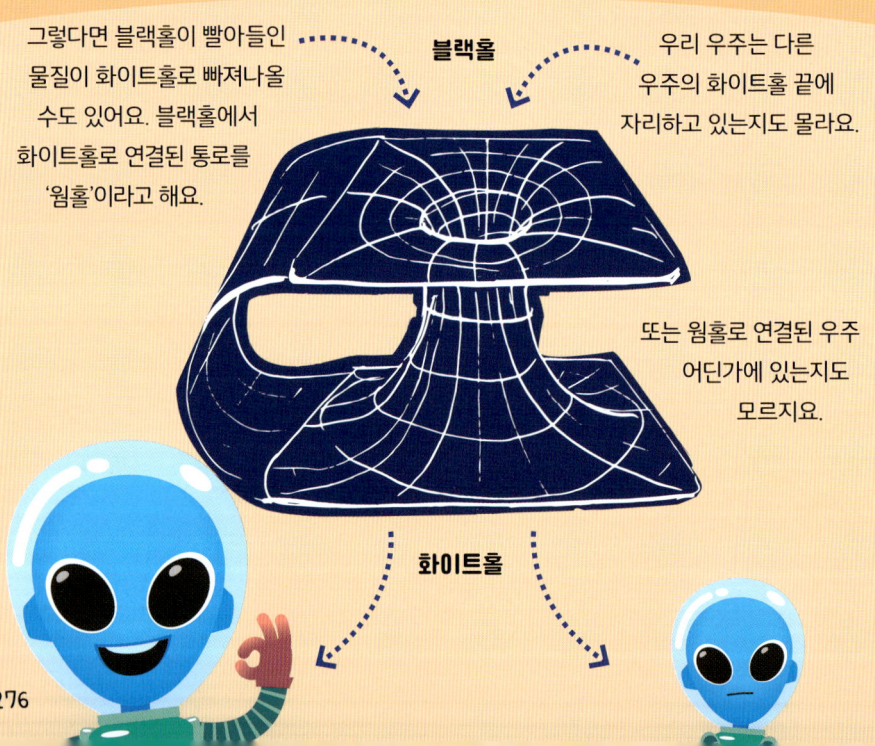

화이트홀

우리 은하는 수수께끼 같은 물체를 향해 돌진하고 있어요

지구는 태양을 공전하고, 태양은 우리 은하를 공전해요.
우리 은하는 대규모 은하 무리인 초은하단에 있는
다른 은하들과 함께 '거대 인력체'를 향해 움직여요.

우리를 강력한 힘으로 끌어당기는 거대 인력체가 무엇인지
아무도 정확히 몰라요. 하지만 지름이 5억 광년이고,
질량은 태양의 1,000조(1,000,000,000,000,000)배이지요.

은하들은
거대 인력체를 향해
초속 1,000킬로미터로
돌진하고 있어요.

거대 인력체는 1억 5,000만 광년 떨어져 있어서,
지금 당장 충돌하지 않아요.

우주는 거대한 스펀지를 닮았어요

우주의 구조는 천연 스펀지와 비슷해요.
숭숭 뚫려 있는 빈 공간을
가느다란 벽이 둘러싸고 있지요.

가까이 존재하는 은하들이
가느다란 벽과 같은 공간을
빼곡하게 채워요. 반면
그 안쪽의 빈 공간에
들어 있는 물질은 많지 않지요.

우리가 있는 곳은
우주의 빈 공간이에요.
우리 은하는 지름
18억 광년으로, 우주에서
가장 큰 빈 공간일지도
몰라요. 그러니 완전히
빈 공간은 아닌 셈이에요.
우리 은하와 가까운
은하들이 들어 있으니까요.

우주의 지름은 최소 930억 광년이에요

훨씬 더 클 수도 있지만 관측이 가능한 범위는 거기까지예요.

관측 가능한 우주의 가장자리는 465억 광년 떨어져 있어요. 그곳의 빛이 465억 년 전에 떠났다는 뜻이지만, 그건 불가능한 일이에요. 우주가 138억 년 전에 만들어졌기 때문이지요.

우주는 계속 팽창하기 때문에 우리와 우주의 끝이 점점 더 멀어지고 있어요. 따라서 빛이 이동하는 사이 우주의 끝은 우리와 더욱 멀어졌을 거예요.

아직도 우주 끝까지 못 갔어?

465억 광년 떨어진 물체들도 우주의 진짜 끝에서 한참 멀리 있을지도 몰라요. 우주 전체의 크기를 측정할 방법은 아직 없어요.

은하는 어마어마하게 멀리 떨어져 있어요

안드로메다은하는 우리 은하에서 가장 가까운 은하예요.
하지만 250만 광년이나 떨어져 있지요.

우리 은하는 지름이 10만 광년이고,
안드로메다은하는 14만 광년이라
그 사이에는 많은 공간이 있어요.

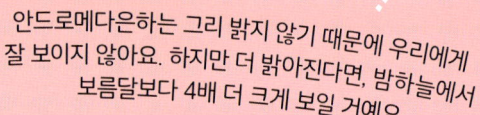

안드로메다은하는 그리 밝지 않기 때문에 우리에게
잘 보이지 않아요. 하지만 더 밝아진다면, 밤하늘에서
보름달보다 4배 더 크게 보일 거예요.

성실한 블랙홀보다 게으른 블랙홀이 10배 더 많아요

우리는 블랙홀을 피해 가거나 블랙홀을 향해
가는 물질을 통해 블랙홀을 발견해요.
따라서 주변 물질들을 이미 다 빨아들인 블랙홀은
발견할 수 없어요.

과학자들은 블랙홀이
발견된 수보다 10배는
더 많을 거라고 생각해요.
더 이상 물질을 빨아들이지 않는
블랙홀은 그저 까만 점이라
보이지 않기 때문이지요.

게으른 블랙홀은 결국
사라져요. 서서히 방사능을
내보내다 증발해 아무것도
남지 않게 되지요.
하지만 그렇게 되기까지
오랜 시간이 걸려요.

태양과 질량이 같은
블랙홀이 사라지려면
10^{67}(1에 0이 67개 붙는 수)년이
걸려요.

난 게으르지 않아.
할 일을 다 끝낸 거라고!

1609년부터 망원경으로 천체를 관측했어요

망원경이 발명되기 전까지 행성이 지구 같은 천체가 아니라 빛나는 점이라고 생각했어요.

우리가 사는 곳이 유일한 세계가 아니라는 생각은 혁명적이었지요. 이탈리아 철학자 조르다노 브루노는 외계 생명이 사는 다른 세계가 있을지도 모른다는 의견을 낸 죄로 1600년에 화형당했어요.

망원경이 발명되기 전에는 행성은 별과 달리 움직이고, 반짝이지 않는다는 정도만 알 수 있었어요.

1608년에 망원경이 발명됐을 때만 해도 망원경으로는 지상의 물체만 보았어요. 1609년에 갈릴레오 갈릴레이가 새로운 망원경을 만들어 처음으로 천체를 관측했지요.

우주는 셀 수 없이 많을지도 몰라요

어떤 과학자들은 우주가 무한히 많은 우주로 끊임없이 갈라지고 있고, 우리는 그 다중 우주 속에 있다고 생각해요.

다중 우주에서는 뭐든지 실현될 수 있어요. 아침으로 토스트를 먹은 우주와 그렇지 않은 우주가 모두 존재하는 거예요!

지구가 눈이 셋 달린 파란색 생명체에게 지배당하는 우주도 있고, 지구조차 존재하지 않는 우주도 많겠지요.

다중 우주론에 따르면 우리 우주는 무수히 많은 우주 가운데 하나일 뿐이에요.

이론상으로는 태양 에너지를 모두 가둘 수 있어요

'다이슨 구'는 모든 태양 에너지를 가두기 위해 설계된 상상의 구조물이에요.

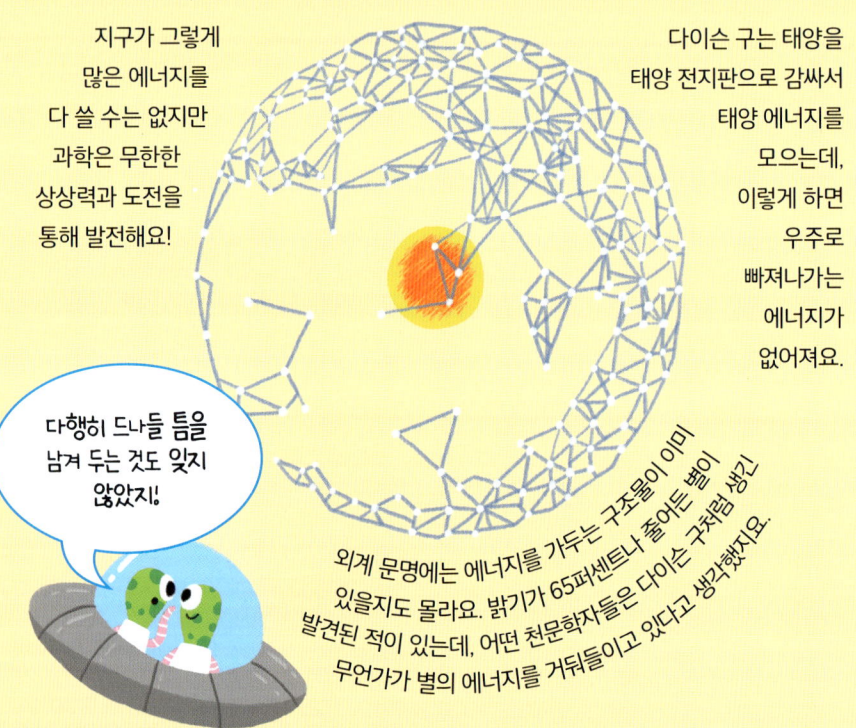

지구가 그렇게 많은 에너지를 다 쓸 수는 없지만 과학은 무한한 상상력과 도전을 통해 발전해요!

다이슨 구는 태양을 태양 전지판으로 감싸서 태양 에너지를 모으는데, 이렇게 하면 우주로 빠져나가는 에너지가 없어져요.

다행히 드나들 틈을 남겨 두는 것도 잊지 않았지!

외계 문명에는 에너지를 가두는 구조물이 이미 있을지도 몰라요. 밝기가 65퍼센트나 줄어든 별이 발견된 적이 있는데, 어떤 천문학자들은 다이슨 구처럼 생긴 무언가가 별의 에너지를 거둬들이고 있다고 생각했지요.

문명이 얼마나 발달했는지 측정하는 척도가 있어요

문명의 발전을 총 에너지 사용량에 따라 3단계로 구분하는 방법이 있는데, 바로 카르다쇼프 척도예요. 옛 소련의 천문학자 니콜라이 카르다쇼프가 처음 제안했지요.

이 척도에 따르면 지구는 여전히 0단계 문명이에요. 우리 행성에 닿는 태양 에너지를 남김없이 쓰지 못하기 때문이에요.

1단계 문명
하나의 행성에 도달하는 모든 에너지를 사용해요.

2단계 문명
항성 자체의 모든 에너지를 통제하고 이용해요.

3단계 문명
은하의 에너지를 활용할 수 있어요.

우리가 외계인의 메시지를 받을 즈음이면 메시지를 보낸 외계인은 이미 죽었을 거예요

외계인이 보낸 전파 신호는 빛의 속도로 우주를 건너왔을 거예요.

1,000광년 떨어진 곳에 사는 외계인이 보낸 메시지를 받으려면 1,000년이 걸려요. 외계인이 아주 오래 살지 않는 한, 신호를 보낸 외계인은 한참 전에 죽었을 테고, 답신을 받으려면 다시 1,000년이 걸리니 응답이 도착하기 전에는 틀림없이 죽었을 거예요.

외계의 메시지는 지구 문명이 사라진 뒤에 닿을지도 몰라요. 메시지가 우리에게 닿는 데 20만 년이 걸린다면 인류의 역사와 맞먹는 시간을 기다려야 하지요. 우리가 20만 년 후에도 지구에 있을까요?

어떤 행성들은 집이 없어요

떠돌이 행성이나 방황 행성은 한 항성 주위를
공전하지 않고, 우주를 돌아다녀요.

어떤 행성들은 태양계의 일부였다가
쫓겨나 자립하기도 해요. 처음부터
혼자 떠돌게 만들어지기도 하고요.

너도 태양계에서 쫓겨났어?

떠돌이 행성은 발견하기 어려워서 수를 정확히 알 수는 없지만,
적게는 250억~1,000억 개로 추정되어요. 많게는 우리 은하의
항성보다 10만 배나 많은 떠돌이 행성이 있다고 예상되지요.

최초의 펄서는 외계인의 신호라는 오해를 받았어요

'펄서'는 빠르게 회전하는 중성자별로, 규칙적으로 전파를 보내요. 태양보다 질량이 20배나 큰 별이 죽고 나면 펄서가 만들어져요.

1967년, 대학원생 조슬린 벨은 처음으로 펄서를 발견했어요. 1.34초 주기로 반복되는 전파 신호가 이상할 정도로 규칙적이어서 외계인의 신호라 생각한 벨은 그 펄서에 '작은 초록 인간들'을 뜻하는 LGM(Little Green Men)이라는 이름을 붙였어요.

펄서는 등대와 비슷하게, 회전할 때마다 전자기파 광선을 내보내요.

어떤 펄서는 믹서기 칼날보다도 더 빠르게 1초에 수백 회씩 회전해요.

광년보다 더 큰 측정 단위도 있어요

지름이 수백 광년에서 수십억 광년인 은하의 크기를 재려면 광년이라는 단위도 너무 작아요.

천문학자들이 쓰는 가장 큰 단위는 10억 파섹을 뜻하는 '기가파섹'이에요. 1파섹은 3,262광년이고, 약 31조 킬로미터예요. 관측 가능한 우주 끝에서 지구까지의 거리는 14기가파섹이지요.

'입방파섹'은 부피를 측정하는 데 쓰여요. 1입방파섹 안에 있는 별이나 은하의 수가 우주에서 물질의 밀도를 나타내요.

몇 파섹만 가면 할머니 댁이야!

태양의 1입방파섹 안으로는 별이 없어요. 하지만 별 무리가 구 모양으로 모여 있는 구상 성단에는 1입방파섹에 100~1,000개의 별이 있어요.

별은 때로 다른 별을 홀랑 삼켜요

손-지트코프는 중성자별을 품은 희귀한 적색 초거성이에요.

적색 초거성과 중성자별은 모두 초신성에서 만들어질 수 있는데, 중성자별은 크기가 훨씬 큰 초거성에 흡수되지요.

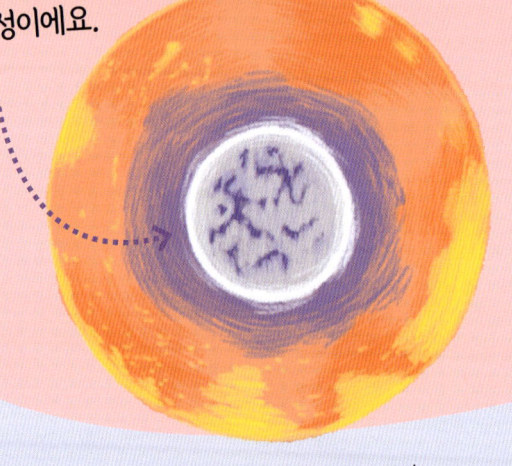

두 중성자별이 하나로 합쳐지기도 하는데, 이럴 때는 중금속이 만들어져요.

2017년, 무게의 합이 태양의 3배인 두 중성자별이 합쳐졌어요. 이때 지구 질량의 3~13배나 되는 금이 만들어졌답니다!

외계인이 보낸 신호라고요?

'와우! 신호'는 1977년에 도착했어요.

모든 면에서 특이한 신호였지요. 천문학자들은 외계인이 보낸 신호가 아닐까 생각했어요.

신호를 발견한 천문학자가 출력물에 '와우!(Wow!)'라고 적어 놓아 '와우! 신호'로 불리게 되었어요.

이 신호는 다른 전파 잡음보다 두드러질 정도로 강했고, 의도적으로 보내는 전파처럼 주파수의 폭도 매우 좁았어요. 행성 간 전송에 적절한 주파수였지요.

이 신호는 72초간 계속되었고, 이후로 다시 발견되지 않았어요. 그리고 40년이 넘도록 여전히 정체가 밝혀지지 않았지요.

허블 우주 망원경

허블 망원경은 우주에 설치된 최초의 망원경으로, 1990년에 우주 왕복선 디스커버리에 실려 발사되었어요.

초속 8킬로미터로 궤도를 도는데, 이는 미국을 10분 만에 횡단할 수 있는 속도이지요.

우주 망원경에 관한 생각은 첫 번째 로켓이 발사되기도 전인 1923년에 등장했어요.

허블 망원경은 지구 위 547킬로미터 궤도에서 97분마다 지구를 한 바퀴 돌아요.

우주 비행사들이 우주에서 유영하며 허블 망원경을 살피고 수리해요.

허블 망원경은 매주 120기가바이트나 되는 데이터를 지구로 보내 수많은 우주 천체의 모습을 알려 주어요.

천문학자라면 누구나 허블 망원경으로 우주를 관찰하고 싶다고 신청할 수 있어요.

허블 망원경으로 발견한 가장 먼 은하는 138억 광년 떨어져 있어요.

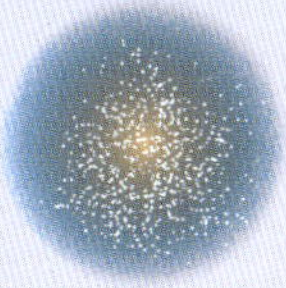

허블 망원경은 비어 보이는 우주의 작은 지역을 114일 동안 관찰한 끝에 거의 1만 개에 가까운 은하를 발견했어요.

허블 망원경으로 관찰해 보니 별들은 깜빡이지 않아요.

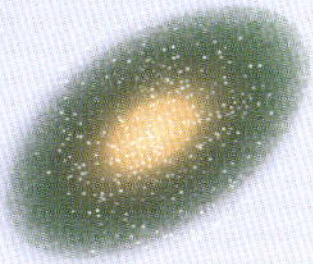

우주에는 지구의 모래알보다 많은 별이 있어요

우리 은하에는 약 4,000억 개의 별이 있답니다.

우주에는 1,000억~1조 개의 은하가 있을 거라고 추정되는데, 은하들의 크기가 모두 비슷하다면 최소한 4,000억×1,000억 개의 별이, 그러니까 약 400해 개의 별이 있겠지요.

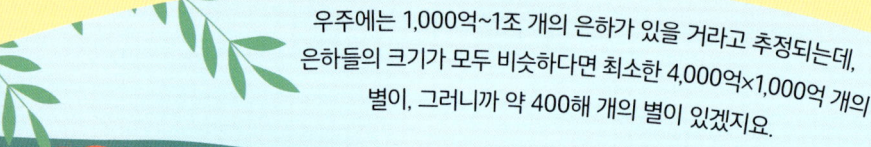

하와이의 연구자들은 전 세계 해변의 넓이와 깊이, 모래알의 부피를 계산해 지구에는 750경 개 정도의 모래 알갱이가 있다고 밝혔어요.

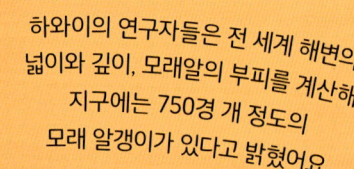

우주의 별이 지구의 모래보다 2,500배 더 많은 셈이에요.

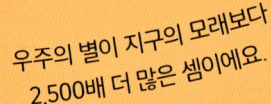

허블 우주 망원경은 곧바로 고장 났어요

허블 망원경은 우주에 도착하자마자 거울에 결함이 발견되었어요.

거울 표면의 두께가 종이 한 장의 50분의 1 정도로 고르지 못했어요. 미미해 보이지만 그 정도의 작은 차이로도 사진이 흐릿해져 지구에서 찍은 사진보다 나을 것이 없었지요.

이 결함을 고치기 위해 우주 비행사 7명이 11개월의 훈련을 거쳐 야심차게 우주로 날아갔어요.

5일에 걸친 우주 유영과 정비 끝에 수리를 마친 허블 망원경은 발사 3년 만에 마침내 멋진 우주 이미지를 선보이게 되었어요.

관광객의 휴대 전화가 중국의 초대형 망원경을 위협해요

지름이 500미터에 이르는 세계 최대의 전파 망원경이 중국에 있어요.

그런데 관광객들이 전파 망원경 근처에서 휴대 전화를 사용하면 망원경이 작동하는 데 문제를 일으킬 수도 있어요.

망원경 주변 반경 5킬로미터는 휴대 전화를 쓸 수 없는 구역으로 정해져 있지만 강제로 통제하기는 어려워요.

넓게 배치된 여러 개의 안테나를 연결해 만드는 더 큰 전파 망원경을 망원경 집합체라고 해요. 가장 큰 망원경 집합체는 칠레의 아타카마에 있는 ALMA로, 안테나 66개가 16킬로미터에 걸쳐 펼쳐져 있어요.

우리는 우주의 주성분이 무엇인지 몰라요

우리가 아는 모든 것을 더해도,
우주 전체 질량의 20분의 1만 설명할 수 있어요.

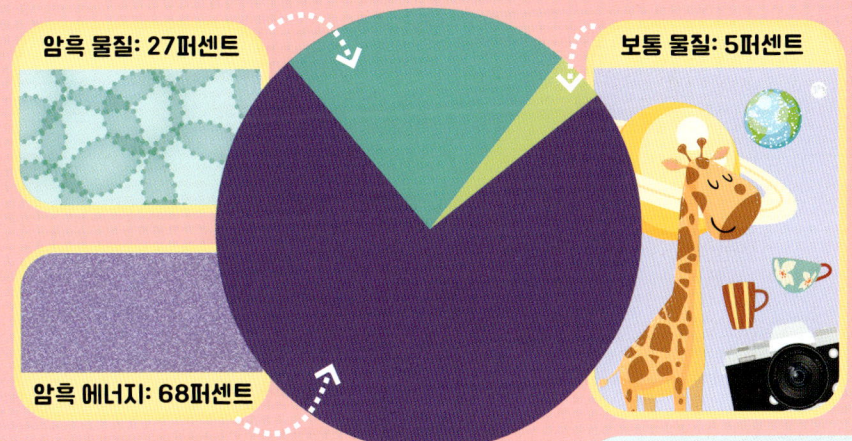

암흑 물질: 27퍼센트

보통 물질: 5퍼센트

암흑 에너지: 68퍼센트

우리의 몸과 자연물을 비롯해 지구와 같은 행성에서 보이는 보통 물질은 우주의 질량에서 5퍼센트를 차지할 뿐이에요.

나머지 95퍼센트는 암흑 에너지(68퍼센트)와 암흑 물질(27퍼센트)인데, 두 물질의 정체는 아무도 몰라요.

암흑 물질은 빛을 내뿜지 않는 갈색 왜성이거나 밀도 높은 물질 덩어리일 수도 있어요. 우리가 한 번도 만난 적 없는 새로운 유형의 물질일지도 모르지요.

안드로메다은하는 우리를 향해 오는 유일한 은하예요

우리와 가장 가까운 은하이기도 하지요.

두 은하는 서로의 중력에 이끌릴 만큼 가까워요
(그래서 충돌하게 될 거예요. 245쪽 참조).
다른 큰 은하들은 우리 은하와 너무 멀어서
중력이 서로에게 미치지 못해요. 게다가 우주가
팽창하면서 그 거리를 더 벌려 놓지요.

멈춘 듯 보이는 옆쪽 별들

푸르게 보이는 앞쪽 별들

붉게 보이는 뒤쪽 별들

우주가 팽창하면 빛의 파장도 그만큼 길어지는데,
빛의 파장은 길어질수록 붉은색을 띠어요.
그래서 우리에게서 멀어지는 별이나 은하는
붉게 보여요. 이것을 '적색 이동'이라고 해요.

반면 우리를 향해
다가오는 별이나 은하는
파랗게 보여요. 이것을
'청색 이동'이라고 하지요.

빈 우주 공간은 사실 비어 있지 않아요

미세한 에너지 입자들이
별과 은하 사이 빈 공간을 채우지요.

보통 물질의 입자들도
1세제곱센티미터에 수소 원자
1개 정도로 존재해요.

암흑 물질

암흑 에너지

보통 물질

또한 빈 공간에는
암흑 에너지도 가득해요.
어디선가 튀어나온
암흑 에너지는 물질을 더
멀리 밀어내고, 우주를
더 크게 만들지요. 하지만
암흑 에너지가 무엇인지,
어떻게 작용하는지는
아무도 모른답니다.

1984년부터 외계인을 찾고 있어요

외계인과 우주 문명을 찾는 활동들을
'외계 지적 생명체 탐사(SETI)'라고 해요. 주로
전파 망원경을 이용해 외계인의 증거를 찾지요.

만약 증거를 찾게 된다면
자신들만의 전파 신호를
보낼 수 있을 정도로
똑똑한 외계인일 거예요.

우리는 멀리 떨어진 행성을
아직 탐사할 수 없어요.
전파 신호는 외계인을 찾는
최선의 방법이에요.

천문학자들은 외계인을 찾지 못한 이유에 대해 여러 의견을 내놓았어요.

너무 이른 시도예요.
우리가 전파와
우주 여행을 개발한
첫 번째 문명일 거예요.

외계인들은
우리가 더 발전하기를
기다리고 있을 거예요.

아직 충분히
오랫동안 찾아보지
않았어요.

지구에서 보낸 전파 신호는
아직 100광년까지밖에 못 갔어요.
외계인들은 더 멀리 있을 거예요.

우리와의 접촉이
위험하다고 생각한 외계인들은
조용히 숨어 있을 거예요.

너무 늦은 시도예요.
다른 문명들은
모두 사라졌을 거예요.

 # 용어 설명

- **거대 인력체**
  우리 은하가 속한 가장 거대한 공간인 라니아케아 초은하단의 중심에 있는 미지의 영역인데, 수많은 은하들을 강력한 중력으로 끌어당겨요.

- **광자**
  빛은 파동과 입자 두 가지 성질이 있는데, 입자로서의 빛을 광자라고 불러요. 빛을 이루고 있는 매우 작고 질량이 없는 알갱이예요.

- **백색 왜성**
  별의 마지막 진화 단계로 보통 지구 정도의 크기이지만 질량은 태양과 비슷하고 매우 높은 밀도를 가져요. 표면 온도는 여전히 뜨겁지만 오랜 시간에 걸쳐 열이 식어가요.

- **소행성**
  주로 화성과 목성 사이에서 태양 주위를 도는 행성보다 작은 천체예요.

- **암흑 물질**
  우주에 널리 있는 물질로 빛을 내지도, 빨아들이지도 않아서 눈으로 볼 수 없어요. 존재를 확인할 수 있는 유일한 방법은 암흑 물질의 중력이에요.

- **암흑 에너지**
  우주 전체에 고르게 퍼져 있으며, 우주를 점점 더 빠르게 팽창시키는 정체가 알려지지 않은 에너지예요.

- **오르트 구름**
  태양계 가장 바깥쪽에 먼지와 얼음이 공 모양으로 한곳에 모여 있는 천체 집단이에요.

- **왜행성**
  왜소행성 또는 난쟁이 행성으로도 불리며 행성으로 인정되지 못한 태양계 내 작은 천체예요.

- **우주 배경 복사**
  빅뱅 이후의 우주 초기에 퍼져 나간 빛으로, 우주의 모든 곳에서 오는 '초단파'라고 하는 짧은 전파예요.

- **적색 왜성**
  질량이 태양의 절반보다 작으며, 차갑고 붉은 표면을 가지고 있는 어두운 별이에요. 연료를 아주 느리게 태우기 때문에 수백억 년 동안 빛날 수 있어요.

- **중성자별**
  초신성 폭발 후 만들어지는 밀도가 극히 높은 별이에요.

- **초신성**
  질량이 큰 무거운 별이 폭발과 함께 엄청난 에너지를 내뿜으며 사라지는 현상이에요.

- **혜성**
  얼음과 먼지로 이루어진 태양계의 구성원으로, 태양 주위를 돌다가 태양에 가까워지면 긴 꼬리 모양의 가스를 날리면서 빛을 내는 천체예요.

알아두면 쓸모 있는 초등학생을 위한 과학 사전
아는 만큼 보이는 우주 500

처음 찍은 날 | 2023년 3월 20일
처음 펴낸 날 | 2023년 4월 5일

글쓴이 | 앤 루니
옮긴이 | 서나연

펴낸이 | 김태진
펴낸곳 | 다섯수레
기획편집 | 김경희, 김시완, 김미희, 서해나, 유슬기
디자인 | 김다윤
마케팅 | 이운섭
제작관리 | 김남희

등록번호 | 제3-213호   등록일자 | 1988년 10월 13일
주소 | 경기도 파주시 광인사길 193(문발동) (우 10881)
전화 | (02) 3142-6611 (서울 사무소)
팩스 | (02) 3142-6615
인쇄·제본 | ㈜로얄 프로세스, ㈜상지사 P&B

ⓒ 다섯수레, 2023

ISBN 978-89-7478-469-0 74400
ISBN 978-89-7478-468-3 (세트)